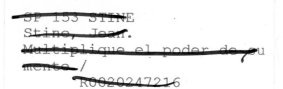

MULTIPLIQUE EL
PODER
DE SU MENTE

JEAN MARIE STINE

Prentice
Hall Press

Datos de catalogación en la Biblioteca del Congreso de Washington, D.C.

Stine, Jean.
    [Double your brain power. Spanish]
    Multiplique el poder de su mente / Jean Marie Stine.
        p.   cm.
    Includes bibliographical references and index.
    ISBN 0–13–012726–4 (case) — ISBN 0–13–013242–X (paper) — ISBN 0–7352–0209–5 (pbk.)
    1. Intellect. 2. Brain. 3. Memory. 4. Thought and thinking.
    5. Intellect—Problems, exercises, etc. I. Title.
    [BF431.S74218   1999]
    153—dc21

                                                     98–33123
                                                            CIP

Título del original en inglés: *Double Your Brain Power*

Traducción: Pilar Mascaró Sacristán

Impreso en Estados Unidos de América

10 9 8 7 6 5 4 3 2 1   *10 9 8 7 6 5 4 3 2 1*

ISBN 0-13-012726-4 (C)   ISBN 0-13-013242-X (P)

10 9 8 7 6 5 4 3 2 1

ISBN 0-7352-0209-5 (PHP)

La información presentada en este libro tiene el propósito de ayudar al lector a tomar decisiones bien informadas acerca de su salud. No tiene el propósito de sustituir la atención médica, ni debe utilizarse como manual de autotratamiento. Si usted sospecha que tiene algún problema médico, debe buscar consejo médico profesional lo antes posible.

ATTENTION: CORPORATIONS AND SCHOOLS

Prentice Hall books are available at quantity discounts with bulk purchase for educational, business, or sales promotional use. For information, please write to: Prentice Hall Special Sales, 240 Frisch Court, Paramus, New Jersey 07652. Please supply: title of book, ISBN, quantity, how the book will be used, date needed.

 Paramus, NJ 07652

http://www.phdirect.com

Para

Las damas del TCNE
En especial para Brenda Burke, Nancy Cain, Jonel Peterson,
Gina Kamentsky y Alicia Carla Longstreet

y para

el hombre de la casa,
Frankie Hill

Reconocimientos

Esta autora (por causas ajenas a su voluntad) tuvo que mudarse cuatro veces de casa mientras escribía este libro. En consecuencia, adquirió una deuda de gratitud con una serie de personas que la ayudaron y aguantaron durante todo ese tiempo. En primer término, a Chris y Gurucharn, por hacerle sus compras de comestibles. A Richard F. X. O'Connor por lo que introdujo en mi bolsillo después de aquella visita. A Merissa Sheryll Lynn, anfitriona y madre sustituta *extraordinaria*. A Yvonne Cook-Riley y las demás magníficas personas de la International Foundation for Gender Education, que me dieron las vacaciones que tanto necesitaba para terminar este libro. A Brenda Burke por su tolerancia y ternura. Las tres editoras de Prentice Hall que, en forma sucesiva, se fueron agotando en espera de que les llegara el manuscrito: Ellen Coleman, Karen Hansen y Susan McDermott. A mi agente Bert Holtje, quien siempre me ha brindado su apoyo.

Acerca de la autora

Jean Marie Stine ha ofrecido seminarios sobre redacción comercial, el aprendizaje veloz y la multiplicación de la capacidad mental a lo largo y ancho de Estados Unidos. Es autora de una serie de libros de ensayo, entre otros *It's All in Your Head: Amazing Facts About the Human Mind* y *Writing Self-Help/How-To Books*. Su novela *Season of the Witch*, aclamada por la crítica, fue llevada a la pantalla en fecha reciente en la película *Synapse*. En la actualidad, Jean Marie vive en la zona de Boston, donde trabaja de directora de publicaciones de la International Foundation for Gender Education.

Introducción

Desde este momento empezará a multiplicar el poder de su mente. Antes de seguir leyendo, anote el tiempo. Ahora, siga leyendo a la velocidad que acostumbra.

¿Quisiera ser más listo, pensar con presteza, recordar mejor, leer más rápido, entender con facilidad cosas nuevas? ¡Usted puede! Su cerebro cuenta con una cantidad incalculable de recursos que usted no ha explotado. Si aplica los recientes descubrimientos científicos y la información sobre la mente, hará que todo el poder mental trabaje en su beneficio.

Este libro presenta todos los pasos de un programa para hacer justo eso, así como para, literalmente, multiplicar la capacidad de su mente. Con sólo aprovechar mejor las capacidades mentales que suele dar por sentadas, usted podrá:

- ❏ Reducir muchas horas de estudio a 30 minutos o menos.

- ❏ Dominar en seguida las aptitudes para un trabajo nuevo.

- ❏ Hacerse experto en cualquier tema en una sola noche.

- ❏ Extraer en unos cuantos minutos de entre montañas de documentos, todo lo que quiere saber con sólo leer mejor.

- ❏ Recordar las palabras exactas de todos los pronunciamientos importantes de los oradores.

- ❏ Recorrer en cuestión de minutos informes complicados.

- ❏ Detectar al instante información falsa y sesgos ocultos.

- ❏ Entender lo que aprenda mejor que quienes desmenuzan palabra por palabra.

- ❏ Evaluar al instante la información y manejarla en forma práctica.

En todos los capítulos de este libro usted encontrará medios fáciles, basados en la ciencia, con los que multiplicará la capacidad de su mente. Tan sólo en la introducción, usted encontrará nueve técnicas y estrategias. En conjunto, usted encontrará más de 66 duplicadores de la capacidad mental —consejos, técnicas, ejercicios y estrategias—, los que podrá aplicar para aumentar la eficiencia de su mente. Si usted aplica sólo 10 por ciento de ellos, llevará una ventaja de años luz sobre otros, por cuanto se refiere a su capacidad para entender y responder a uno y todos los retos mentales.

Aprovechamiento de los amplificadores naturales de la mente

No tiene que esperar más para poner a prueba estos amplificadores de la capacidad mental. Usted mismo puede experimentar esa maravillosa fuerza en este mismo instante. A continuación encontrará seis estrategias para reforzar sus capacidades mentales sin tener que aprender técnicas, pasos ni reglas. Estas capacidades aumentan al máximo la eficiencia cerebral mediante la aplicación estratégica de descubrimientos científicos recientes sobre la optimización mental y el organismo.

1. *La agudeza mental:* Cuando los desafíos requieran que usted funcione con lo mejor de su inteligencia, aprenda a advertir y aprovechar esa hora que se presenta cada hora y media durante la cual su mente consciente trabaja en su punto óptimo (por lo general, usted puede sentir cuando ésta empieza a decaer y aletargarse).

2. *La resolución de problemas y la inspiración:* Cuando tenga que encontrar una solución o busque una salida creativa, trate de hacerlo en esa media hora que se presenta cada hora y media durante la cual su mente consciente se desacelera y su inconsciente emerge más cerca de la superficie (por lo general, usted puede cuándo se acerca este estado: se sentirá adormilado y sus pensamientos conscientes empezarán a divagar y a desacelerarse).

3. *El funcionamiento general de la mente:* Si desea un refuerzo mental duradero, ejercite la mente 12 minutos al día (quienes lo hacen registran un aumento de 30 por ciento en la capacidad de su mente).

4. *La memoria a corto plazo:* Cuando desee conservar algo en su memoria a corto plazo, hágalo en la mañana (la parte del cerebro que

almacena la memoria a corto plazo es del orden de 15 por ciento más eficiente en la mañana).

5. *La memoria a largo plazo:* Cuando desee conservar algo en su memoria a largo plazo, hágalo en la tarde (esa parte de su banco de memoria llega a su cúspide en la tarde).

6. *Recordar datos y cifras importantes:* Cuando tenga que recordar información clave para una junta o un examen, repáselo y después duérmase (las personas que lo hacen suelen recordar las cosas entre 20 y 30 por ciento mejor).

Es imperativo multiplicar la capacidad de la mente

En estos días, multiplicar la capacidad de la mente no es un truco, sino un imperativo. En nuestra sociedad llena de información, de tecnología avanzada y muy competitiva, la capacidad de la mente es clave para la realización personal y profesional.

Además, aun cuando el ritmo actual es muy veloz, éste se acelerará todavía más en los años venideros, conforme vayamos hacia el siglo XXI. Las nuevas tecnologías y los nuevos sistemas de procesamiento y presentación de información —así como las nuevas aptitudes laborales que se requerirán y los nuevos campos de empleo que surgirán— están casi llegando a la puerta, en espera de ser liberados. Ellos nos llevarán mucho más allá del CD-ROM, la PC y la industria de televisión por cable, justo igual que nos sacaron de las pesadas enciclopedias, la máquina de escribir y las estaciones de televisión con transmisiones locales. Los científicos ya están trabajando para generar avances que lleguen más allá.

Por ejemplo, si usted *carece de la capacidad* para aprender capacidades laborales nuevas, se irá empolvando a lo largo de toda su existencia ante las nacientes tecnologías nuevas. Usted tal vez pensó que el aprendizaje y el estudio terminaban en la universidad. Lo cierto es que, terminados sus estudios universitarios, usted tendrá que aprender hasta diez veces más de lo que aprendió en la universidad, sólo para irla pasando y conservar su empleo.

Según Everette Dennis, asesor de empresas: "Todo el mundo encontrará que es necesario volver a la escuela después de diez años. En particular, los conocimientos tecnológicos, que avanzan rápidamente, resultarán obsoletos cada cinco años, más o menos."

En el terreno personal, se presentan decisiones sobre cómo gastar el dinero y sobre la seguridad, la familia, la política, los amigos y el tiempo de descanso. A efecto de tomar decisiones informadas, tenemos que absorber y evaluar el bombardeo de información que envían la televisión, la radio, las presentaciones de ventas, los cursos de superación personal, los seminarios para reforzar relaciones y muchos otros medios. En el siglo XXI, estas decisiones y lo que debemos saber para tomarlas se irán complicando aún más.

No obstante, los enfoques que nos enseñaron en la escuela para poner en marcha la capacidad del cerebro ante estos problemas tienen más de tres mil años; lo que es peor, son terriblemente lentos, jamás funcionaron bien a muchas personas y son inadecuados para asimilar la cantidad de información que el adulto promedio tiene que dominar día con día: clases, conferencias, presentaciones, informes, juntas, nombres, fecha, datos, cifras, procedimientos modificados y más.

Lo bueno es que muchas de las ciencias que han creado estos desafíos también nos han enseñado el camino para enfrentarlos. Gracias a los investigadores ahora sabemos mejor cómo pensar, aprender, recordar, leer y escuchar. Los avances en el conocimiento de cómo funciona la mente han producido métodos que todos pueden aprovechar para incrementar lo capacidad de la mente. Con una capacidad mental muy mejorada, usted no sólo seguirá el ritmo de las exigencias del siglo XXI, sino que les llevará la delantera.

Las técnicas científicas que refuerzan la capacidad mental

En los pasados veinte años, los estudios científicos del cerebro han producido resultados asombrosos. Se han descubierto otros caminos casi desconocidos para aprovechar y dirigir sus capacidades innatas en todos los campos de investigación de la biología y la psicología. Las implicaciones que estos descubrimientos entrañan para la persona promedio son incalculables. Si se aplican debidamente, estos conocimientos científicos nuevos sobre el funcionamiento de la mente le pueden ayudar a multiplicar su capacidad mental.

Aplicando estos importantes descubrimientos, usted multiplicará enormemente:

☐ Su capacidad para aprender.

☐ Su capacidad para memorizar.

☐ Su capacidad para leer.

☐ Su capacidad para escuchar.

☐ Su capacidad para razonar.

Todo lo anterior le puede parecer demasiado bueno para ser verdad. Sin embargo, la ciencia ha descubierto métodos que le servirán para esto y más. Por ejemplo, las investigaciones arrojan que en un lapso de una hora, *60 por ciento de lo que se aprende se olvida, y ¡80 por ciento en un mes!* Una fórmula científica que aprenderá en este libro (Capítulo 5) se basa en un *ciclo natural de aprendizaje, el que le permitirá retener hasta 90 por ciento de todo lo que usted necesita recordar* ¡durante años! Valga otro ejemplo: la mayoría hemos adquirido hábitos tan malos para leer, que usted podrá *multiplicar la velocidad a la que lee con sólo leer mejor, sin aplicar una sola de las técnicas de lectura veloz* (cuando se agregan éstas, la velocidad de la lectura se puede multiplicar otro tanto).

No se requiere esfuerzo adicional para multiplicar la capacidad cerebral

Parece increíble, pero es cierto. Cuando usted conoce los atajos científicos, usar lo doble de la mente no requiere lo doble de esfuerzo. Sólo se aprende a manejar su cerebro de manera más eficiente con el doble de resultados, sin invertir más energía mental que antes.

Según experimentos realizados por Allan Givens, director de EEG Systems Laboratory, se requiere la misma cantidad de energía para escribir cosas a tontas y locas que para pintar una obra maestra. Gevins se valió de un aparato de encefalografía de ocho canales para registrar las ondas cerebrales de pintores dedicados a la pintura en serio y de personas que sólo pintarrajeaban. Pensaba que los pintores que se concentraban generarían más energía mental que aquellos que sólo pintarrajeaban.

Para su sorpresa, Gevins no encontró diferencia en la cantidad de energía cerebral aplicada por los dos grupos. Llegó a la conclusión de que no se requiere más energía mental para crear una obra maestra que la energía que cualquiera de nosotros aplicamos en un día normal. La moraleja está clara: dado que usted tiene que generar la misma cantidad de energía para divagar que para pintar una obra maestra, pues es mejor pintar una obra maestra.

Todos podemos multiplicar la capacidad cerebral

Tomemos a Gary V., alumno de uno de mis talleres. Gary era licenciado en medios de comunicación, así como jefe editorial de un importante periódico metropolitano. Si se pudiera decir que hay alguien con capacidad mental para dar y tomar, ese alguien habría sido Gary.

Un día, mientras comíamos, me confesó: "Me siento tonto. Es como si me ahogara en la información que recorre mi escritorio en oleadas que jamás terminan: cifras de circulación, ingresos por publicidad, cientos de noticias centrales que se deben cubrir, juntas, presentaciones de ventas, correspondencia, impresiones… todo lo imaginable. Cuando llega la noche, allí está todo lo demás que tengo que leer: artículos importantes, recortes, libros nuevos que quiero leer, libros nuevos que tengo que leer… ¿Cómo puedo absorber todo eso? En cambio, lo almaceno, lo guardo y nunca llego a aprovechar la mayor parte. Es peor, acabo sintiéndome frustrado, inepto y culpable."

¿Le parece cotidiano? ¿Le toca alguna fibra sensible? Si es así, usted, al igual que Gary V., jamás se volverá a sentir mal.

Antes de llegar a los postres, enseñé a Gary un duplicador de la capacidad cerebral, mismo que usted encontrará más adelante en este libro. Su uso le permitió centrar la puntería y retener de manera permanente el 10 por ciento de la cuota de su información relevante del día y pasar por alto el resto.

Me llamó una semana después para informarme que la técnica había funcionado. "Puedo prestar mayor atención a las partes importantes, porque ya no siento la obligación de tratar de prestar atención a todo." En consecuencia, Gary dijo que se sentía mucho más listo. También se sentía menos presionado en su trabajo, no tenía problemas para cumplir con sus lecturas nocturnas y encontró más tiempo libre para dedicar a otras actividades.

Gary había emprendido el camino para multiplicar la capacidad mental. Con estos mismos atajos mentales (Capítulo 8), usted también podrá reforzar la capacidad mental en 100 por ciento o más, si se trata de leer y absorber montones de información impresa.

Por qué el cerebro tiene más capacidad que una computadora

¿No lo cree? Analice lo siguiente: a usted no le cabe la menor duda de que la computadora personal tiene capacidad para "aprender" en seguida y sin esfuerzo cualquier programa que se le alimente, para recordar al instante todo lo que se le dicte, para leer datos de otras fuentes o para clasificar y mostrar en cuanto se le piden los datos que tiene guardados.

No obstante, los científicos dedicados a las computadoras afirman que faltan muchas generaciones para construir una computadora que tenga la misma complejidad, capacidad para guardar, presentar o clasificar que el cerebro humano.

Usted tiene mucho más material para trabajar que la computadora más poderosa del mundo. Esto significa que usted puede hacer lo mismo que una computadora, y mucho mejor y más rápidamente.

¿No está convencido? No se preocupe. Esto le ocurre a la mayoría de las personas que aprenden las técnicas para multiplicar la capacidad de la mente.

A las personas, les atrae, incluso emociona, la idea de multiplicar la capacidad de su mente. Incluso están dispuestas a creer que otros, incluida esta servidora, han desarrollado mentes semejantes a la computadora y que han duplicado la capacidad de sus cerebros. Sin embargo, piensan que ellas no pueden hacerlo.

Dos motivos básicos explican por qué la mayoría de las personas creen que no pueden multiplicar la capacidad cerebral. El primero se debe a que ello está en contra de lo que han aprendido a creer respecto a la capacidad de la mente humana. El segundo es que han tenido experiencias negativas en la escuela o en otros entornos de aprendizaje tradicionales (seminarios, talleres, conferencias, etcétera) que les han producido una mala impresión de la capacidad mental propia.

No obstante, la ciencia ha cambiado los conceptos tradicionales respecto al funcionamiento del cerebro y, sobre todo, cómo funciona mejor. Al hacerlo, se han creado muchos procesos de aprendizaje que usted podrá asimilar, casi como si se tratara de un programa de software, para tener acceso a la capacidad de cómputo de su propio cerebro y adquirir así la capacidad casi instantánea para aprender, leer, evaluar, aprovechar y recordar todo lo que aparezca en su camino.

El otro 90 por ciento del cerebro

Usted tal vez haya oído que los humanos normalmente usamos apenas el 10 por ciento del cerebro y que el 90 por ciento restante queda desaprovechado. No es así: "la parte que no aprovechamos se acerca más al 99 por ciento". Lo anterior significa que la mayoría aprovechamos apenas uno por ciento de la capacidad cerebral.

Analice las siguientes cuestiones planteadas por los datos científicos que se presentan a continuación, respecto a nuestra capacidad mental, como aparecen en *The Brain,* del profesor Isaac Asmiov, recientemente fallecido:

❑ ¿Por qué no aprendemos más, considerando que tenemos 200 mil millones de neuronas? (Es decir, la misma cantidad de estrellas de algunas galaxias.)

❑ ¿Por qué no recordamos más, considerando que el cerebro tiene capacidad para retener alrededor de 100 mil millones de bits de información? (Es decir, el equivalente a unas 500 enciclopedias.)

❑ ¿Por qué no pensamos con mayor rapidez, considerando que nuestras ideas viajan a una velocidad superior a los 500 kilómetros por hora? (Es decir, más rápido que el tren bala más veloz.)

❑ ¿Por qué no entendemos mejor, considerando que nuestros cerebros pueden hacer alrededor de 100 billones de conexiones? (Esto deja muy corta a la más avanzada de las computadoras.)

❑ ¿Por qué no somos más creativos, considerando que tenemos un promedio de 4,000 pensamientos cada 24 horas? (Es decir, el equivalente a 40 dólares si cada pensamiento valiera un centavo.)

La respuesta es muy sencilla. La mayoría de nosotros recurrimos a una fracción diminuta de la capacidad cerebral, alrededor del 10 por ciento, según los científicos del Instituto de Investigaciones de Stanford. Eso indica que 90 por ciento del potencial de la capacidad mental queda sin aprovechar.

"Aumente un poco la cantidad que aprovecha" —por decir, aproveche apenas 20 por ciento del total de la capacidad cerebral— y duplicará la cantidad que usa ahora. Active su mente a todo lo que da —aplique todo su ingenio y toda su capacidad todo el tiempo— y la multiplicará muchos cientos de veces.

No se trata de una promesa absurda. La ciencia nos ha enseñado a hacerlo.

Este libro le presenta estrategias, técnicas y atajos mentales de ciencia de avanzada, muchos de ellos recién salidos del laboratorio, que le permitirán "mejorar" la eficiencia, la complejidad y la capacidad mental en casi todos los terrenos.

Duplique su capacidad mental ahora mismo

Cuando los escépticos me piden "un ejemplo", les hablo del "pegamento de la memoria". El pegamento de la memoria es una forma de aprovechar ciertas capacidades innatas de la mente para recordar lo que uno necesita recordar en el momento que lo requiere recordar.

Una escéptica, María S., era ayudante del secretario de gobierno de un estado. Tras muchas experiencias decepcionantes en el mundo de la política, se había convertido en una mujer testaruda que no estaba dispuesta a creer nada que no hubiera quedado demostrado a su entera satisfacción. Le describí los seis pasos del duplicador de la capacidad del cerebro, que yo llamo el "pegamento de la memoria". La técnica hace que, ante datos y cifras importantes, el cerebro se convierta en un "papel atrapamoscas" mental. María se rió. Dijo que no podía ser así de fácil.

Al día siguiente me llamó para decirme que había aplicado la técnica del pegamento de la memoria cuando le encargaron presentar al gobernador los detalles de una junta larga y compleja sobre una reclamación forestal. El pegamento de la memoria logró el objetivo: había duplicado con creces la capacidad de la memoria de María. La mujer había conseguido recitar de memoria todos los puntos centrales. Poco después, se inscribió a uno de mis talleres.

DUPLICADOR DE LA CAPACIDAD CEREBRAL

La próxima vez que usted deba recordar algo importante, trate de adherirlo a su mente firmemente con el pegamento de la memoria. Tan sólo siga estos seis simples pasos.

1. Tenga fe en que lo recordará (esto concentra la totalidad del cerebro en el esfuerzo).

2. Ponga su empeño en recordarlo (esto activa los módulos cerebrales internos para los recuerdos).

3. Visualice —o repita una vez— mentalmente, con toda claridad, aquello que usted desee recordar (esto presenta el material ante el punto focal de su mente completa, consciente e inconsciente, y lo dirige directamente a los módulos de la memoria pertinentes).

4. Conscientemente, dígase que debe recordarlo (esta fuerza extraordinaria opera como una orden hipnótica o de programación y, de hecho, hará que el inconsciente señale la información como algo superespecial, haciendo que destaque más vívidamente para su fácil recuperación).

5. Repase mentalmente a la mañana siguiente aquello que quiso recordar.

6. Repase todo el material (esto refresca la memoria, autocorrige las discrepancias y lo refuerza incluso más).

El duplicador de la capacidad del cerebro más potente de todos

Tal vez le cueste trabajo creerlo, pero el sólo hecho de prestar atención puede multiplicar la capacidad cerebral. En cierto sentido, este sistema es el fundamento de todos los otros duplicadores de la memoria que ha elaborado la ciencia.

No importa si está dormido o despierto, en un momento dado cualquiera, las 24 horas del día, los 7 días de la semana, millones de células cerebrales están trabajando. Hasta mientras usted duerme, su cerebro envía y recibe información constantemente sobre la postura de las extremidades, la temperatura corporal y las miles de actividades individuales que se requieren para respirar, digerir, soñar.

Por lo regular, ¿tiene conciencia de todo ello? ¿Cuánto se aprovecha de ello? ¿Cuánta atención presta a lo que ocurre en su alrededor?

Según una encuesta de la Universidad de Minnesota, realizada por Eric Klinger, doctor en psicología, nos concentramos en lo que hacemos apenas una tercera parte del tiempo. La mayor parte de nuestra atención está ocupada con las relaciones, los problemas personales y las personas que nos enfadan. En lugar de concentrarnos en los asuntos presentes, generalmente pasamos el tiempo así:

❏ Treinta y tres por ciento concentrándonos en el entorno o las actividades presentes.

❏ Veinticinco por ciento pensando en otros y en relaciones interpersonales.

❏ Seis por ciento pensando y resolviendo problemas en forma activa.

❏ Tres por ciento sopesando las autoalabanzas o las autocríticas.

❏ Tres por ciento preocupándonos por cuestiones que nos producen angustia.

❏ Dos por ciento girándonos instrucciones.

❏ Uno por ciento pensando en cometer actos de violencia.

❏ El 26 por ciento restante de nuestros pensamientos diarios se reparten entre una extensa variedad de temas.

Notará que con sólo eliminar algunos de estos pensamientos desparramados tendrá acceso al doble de los datos que está absorbiendo su cerebro. Si se eliminaran todos los pensamientos desvariados, se tendría un accesso completo.

Así es. La mera concentración puede multiplicar la capacidad cerebral. Experimentos realizados en la Universidad de California en San Diego, confirmaron la añeja idea de que es imposible hacer dos cosas al mismo tiempo; cuando menos, es imposible hacerlas bien. Cuando usted divide su atención, está reduciendo la capacidad cerebral a la mitad.

En un experimento, se pidió a un grupo de personas que etiquetaran con la mano derecha una serie de elementos de una lista, al tiempo que con la izquierda oprimían un botón cada vez que escuchaban una cierta nota de una serie de tonos musicales. Los resultados arrojaron que, cuando la concentración se dividía, la capacidad mental disminuía enormemente. Los sujetos de la prueba siempre tardaban más en oprimir el botón cuando se presentaba el tono, si al mismo tiempo estaban anotando las etiquetas. Asimismo, la posibilidad de que cometieran un error en la etiqueta aumentaba si tenían que oprimir el botón.

DUPLICADOR DE LA CAPACIDAD CEREBRAL

Desde este mismo momento, usted puede aplicar estos resultados de la Universidad de California. En el Capítulo 8 encontrará una versión ampliada de este ejercicio.

1. Mire la hora en un reloj de pared o pulso.

2. Anote cuánto tiempo ha tardado en leer las páginas anteriores.

3. Ahora vuelva a leerlas. En esta ocasión, haga un esfuerzo consciente por concentrarse en leer a la mayor velocidad posible, sin saltarse nada.

4. (El cuarto paso se presenta al término de esta Introducción. ¡*No* se salte hojas para leerlo!)

La central eléctrica secreta del cerebro

Así como un 90 por ciento o más de lo que hace una computadora — millones de cómputos y operaciones por segundo— ocurre tras la pantalla, hay un 90 por ciento de nuestra actividad mental que ocurre fuera de lo consciente. En el inconsciente hay miles de "módulos mentales… conectados al sistema nervioso", escribe John F. Kihlstrom, psicólogo clínico.

Nuestro inconsciente se encarga por nosotros, en forma bastante automática, de las actividades relacionadas con comer, respirar, el movimiento, el idioma, la percepción visual e innumerables procesos más de la mente y el organismo. Esta central mental también vigila el organismo en busca de indicios de males o enfermedades; recorre la mente en busca de conflictos o inquietudes; evalúa nuestro entorno para detectar peligros y amenazas; y cubre e interpreta percepciones, sensaciones y sentimientos. Por último, pero no por ello menos importante, está el depósito de la memoria, la experiencia y las decisiones de todo lo que hace que uno sea como es.

El inconsciente es una central de energía en muchos sentidos. En primer término, es mucho más listo que su consciente, según investigaciones realizadas por el psicólogo Pawel Lewicki. En un experimento, pidió a un grupo de voluntarios que oprimieran botones a efecto de adivinar dónde iría apareciendo una X en la pantalla de una computadora. Aun cuando la X parecía estar colocada al azar, de hecho seguía un complejo patrón, determinado por diez reglas interactuantes. Lewicki ofreció una recompensa de 100 dólares a quienquiera que pudiera descifrar las reglas, conscientemente.

Nadie la cobró, aun cuando varios voluntarios lo intentaron. No obstante, conforme siguieron participando en el juego, los tiempos de respuesta de todos los estudiantes se fueron acelerando y empezaron a elegir "por instinto" el punto donde aparecería la X. Su inconsciente, según la conclusión de Lewicki, es mucho más listo que su consciente.

Einstein, Edison y Madame Curie no eran mucho más listos —sí lo eran algo— que la persona promedio, dice Dean Simonton, catedrático y doctor en psicología, autor de muchos estudios sobre la inteligencia y la creatividad y que descubrió que no hay relación entre el cociente intelectual y la creatividad. El doctor Simonton piensa que la mayoría de las eminencias de la historia simplemente aprovecharon mejor la central de energía de su mente inconsciente.

El doctor en psicología Earnest Rossi dice que estos genios derivan sus ideas del mismo lugar que todo el mundo: la mente inconsciente. "Ha quedado debidamente establecido que la mente inconsciente es el resorte de toda la creatividad humana", escribe Rossi. Todos tenemos momentos en que "las ideas o los pensamientos creativos brotan a la conciencia, surgiendo de su fuente en el inconsciente", prosigue Roddis, "cuando entendemos la solución de un problema enorme, de repente tenemos una nueva perspectiva o nos llega un brote de inspiración".

Al igual que los estudiantes de Lewicki, Einstein y Beethoven, el inconsciente contiene un genio. Sin saberlo, ellos pusieron a trabajar a ese genio cuando, a ciegas o por instinto, aprovecharon la central mental del inconsciente. Usted puede aprender a hacerlo en forma consciente, siguiendo las ideas de este libro para multiplicar inmensamente la capacidad cerebral propia y así liberar el genio oculto en el 90 por ciento restante.

DUPLICADOR DE LA CAPACIDAD CEREBRAL

La próxima vez que no encuentre una idea o necesite desesperadamente conocer un problema a fondo, este potente ejercicio de visualización lo conducirá a las respuestas. Se vale de las imágenes (el lenguaje del inconsciente) para ayudarle a tener acceso a la capacidad de su mente inconsciente.

1. Siéntese en silencio en un lugar donde no se vaya a presentar una interrupción.

2. Cierre los ojos.

3. Imagine que está recorriendo un bosque. (Tómese tiempo para crear una imagen vívida del bosque que le rodea. Trate de verlo, olerlo y sentirlo en la medida de lo posible.)

4. Ahora imagine que ha llegado a una casa rústica. (De nueva cuenta, trate de crear una imagen detallada de la casa, ventanas, puerta, tejado, terreno circundante.)

5. Mentalmente, abra la puerta y entre en la casa.

6. Visualice a un viejo sabio parado en medio de la habitación. Visualícelo en la medida de lo posible y cuéntele su problema.

7. Escuche con atención lo que usted supone que él o ella le dirían.

La llave está en sus manos

Aplicar las técnicas de este libro transformará su vida. Con que aplique sólo una idea de cada uno de los capítulos, estará mejor preparado no sólo para sobrevivir, sino para destacar cuando enfrente los retos y las oportunidades que traerá el siglo XXI. El solo hecho de usar los seis amplificadores naturales de la mente y los tres duplicadores de la capacidad del cerebro que usted ya ha aprendido le dará un enorme impulso para avanzar por el camino de la realización personal y profesional.

Al final de cuentas, la elección es suya. Yo puedo introducir la llave en la cerradura, pero usted tendrá que girarla. Yo le ofrezco instrumentos fáciles de adquirir que le permitan multiplicar la capacidad cerebral, pero no puedo aprenderlos en lugar de usted. Es usted quien tiene que hacerlo por cuenta propia.

En el mundo actual usted sólo tiene dos opciones: quedarse como está y seguir abrumado por la exigencia de los conocimientos nuevos, de aprender siempre más, de obtener calificaciones de desempeño siempre mayores… o aprovechar los descubrimientos nuevos, sin precedente, de la mente y las tecnologías del aprendizaje que éstos han generado a efecto de poner todos los activos de su mente a trabajar todo el tiempo.

La llave está en sus manos. La decisión es suya.

Anote el tiempo. Calcule cuánto tiempo le ha tomado leer las páginas anteriores cuando se ha concentrado más en la lectura. Compárelo con el tiempo que requirió para las primeras páginas (la cantidad de palabras de las páginas es aproximadamente igual). Advierta que ha podido leer mucho más rápidamente con sólo concentrarse en ello un poco más. ¿Advierte cuánta diferencia puede lograr para la capacidad cerebral el solo hecho de concentrarse más? ¿Convencido? Pues siga leyendo.

Contenido

Parte I
Multiplique su capacidad de aprender

Capítulo 1
Aprendizaje al instante / 31

Capítulo 2
Aproveche su estado "óptimo" de aprendizaje / 45

Capítulo 3
Descubra su estilo personal para aprender / 57

Capítulo 4
Domine las tres etapas del aprendizaje / 71

PARTE II
Cómo multiplicar la capacidad de la memoria

Capítulo 5
Memorización al instante / 81

Capítulo 6
Memoria poderosa mediante la mnemotecnia / 89

Capítulo 7
Los mapas de memoria:
la fuerza de la personalización / 101

PARTE III
Cómo multiplicar su capacidad para leer

Capítulo 8
Lectura instantánea / 111

Capítulo 9
Leer con inteligencia / 123

Capítulo 10
Evalúe lo que lee / 135

PARTE IV
Multiplique su capacidad para escuchar

Capítulo 11
Capacidad instantánea para escuchar / 149

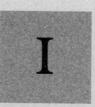

I

Capacidad de aprender

Capítulo 1

Aprendizaje al instante

En el transcurso de un día típico se requiere que ejercitemos todas nuestras capacidades mentales. Los cambios de empleo, los programas de software, el equipo o los intereses personales nos obligan a aprender cosas nuevas. Los periódicos, los informes, los faxes, el correo electrónico y los libros de texto contienen información que debemos leer a efecto de progresar en lo personal y en lo laboral. Los jefes, los instructores, los compañeros de trabajo, las noticias televisadas, los amigos y la familia nos transmiten información vital que debemos escuchar con atención. Todos los ángulos de la memoria enfrentan pruebas que están llenas de datos que debemos recordar. Además, tanto en la oficina y el aula como en la vida familiar, se presentan decenas por no decir cientos de problemas profesionales y personales que debemos analizar.

Todos los días, en todos los aspectos de la vida, debemos recurrir a cada una de las capacidades de la mente para estar al tanto de un entorno que gira velozmente a nuestro alrededor. Además, la mayoría sentimos que no logramos alcanzar metas, que nuestra capacidad mental no es suficiente para enfrentar las exigencias que la carrera, la educación y la familia nos imponen. ¿Cuántas veces habría querido usted que su cerebro tuviera más capacidad para esto o aquello, al encontrarse en una situación en la que sintió que el suyo no estaba a la altura?

Por otra parte, si usted optara por duplicar alguna de sus capacidades mentales, ¿cuál sería? En su opinión, ¿cuál es la capacidad mental más importante de entre todas?

❑ ¿Recordar mejor?

❑ ¿Leer mejor?

❏   ¿Escuchar mejor?

❏   ¿Pensar mejor?

❏   ¿Aprender mejor?

Repase la lista otra vez. Pregúntese cuál considera que sería más difícil de cambiar o mejorar.

Sea cual fuere su respuesta, recorra la lista por última vez. Una de esas cinco opciones abarca a las otras cuatro. Duplíquela y, automáticamente, mejorarán sus resultados en las restantes. ¿Sabe cuál es?

La respuesta es… el aprendizaje. Duplique su capacidad para aprender y, automáticamente, duplicará la capacidad cerebral. Si contestó: "escuchar mejor", ¿para qué quiere escuchar mejor? Porque quiere recordar aquello que escucha mejor. Y, ¿para qué lo quiere recordar mejor? A efecto de aprovecharlo mejor. Y, ¿a qué se reduce el hecho de aprovechar mejor lo que escucha? A lo que puede aprender de ello.

La capacidad para aprender sería la forma fundamental de la facultad cerebral. Es más fundamental que la capacidad para pensar. Incluso suponiendo que usted fuera muy inteligente, no aprendería nada y toda esa facultad cerebral se desperdiciaría. Y suponiendo que fuera bastante tonto, en la medida que pudiera aprender tendría mucha capacidad cerebral sobrante.

Desempolve su capacidad para aprender y automáticamente desempolvará la capacidad cerebral. Cabe decir lo mismo de leer y de recordar. Un impulso a su capacidad para aprender será un empujón de las demás. Si usted aprende mejor, entonces leerá, recordará y pensará mejor.

No obstante, la mayoría de las personas están convencidas de que de estos cinco puntos, el aprendizaje es el más difícil de mejorar. Piensan que pueden escuchar con más atención, leer con mayor rapidez, recordar con más exactitud y pensar con más efectividad; pero también tienen la sólida convicción de que la capacidad para aprender es innata y que no se puede mejorar; uno nace con capacidad para aprender o no.

Las personas sienten que no han nacido buenas para aprender y punto. Como en el caso de la estatura o la aptitud para tocar el violín maravillosamente, no hay nada que hacer. Piensan, en pocas palabras, que uno no puede aprender a aprender mejor.

Es probable que usted piense esto mismo respecto a usted mismo y el aprendizaje. Millones de personas —tal vez la mayoría— piensan así. Están convencidas por completo de que se cuentan entre los desafortunados que nacieron con dificultad para el aprendizaje y que casi todos los demás tienen más facilidad para aprender. Es probable que usted se sienta así.

Lo irónico es que las personas que pensamos que tienen más facilidad para aprender que nosotros se consideran malas para aprender, y piensan que nosotros lo hacemos mejor que ellas. Es evidente que algo anda mal en esto... varias cosas malas. Ello se debe a que todo se basa en una serie de *supuestos erróneos* respecto al aprendizaje.

El primero es considerar que uno es pésimo para aprender. La mayoría adolecemos de esta mala idea, en parte por la forma anticuada de aprender, y lo peor se origina de aquello que los sistemas educativos nos imprimieron cuando niños. Este anticuado enfoque quizá resulte más difícil y no más fácil.

El sistema escolar enseñaba, y sigue enseñando, a los niños a memorizar los datos repitiendo a coro. Se requiere que repitan nombres, fechas y datos una y otra vez, cientos de veces, hasta que se les graben en la memoria. Y esto es lo único que nos enseñan del aprendizaje.

Este sistema jamás funcionó bien. Hacia finales de semana, la mayoría teníamos problemas para recordar la mitad de lo que habíamos aprendido. Cuando llegamos a la edad adulta, olvidamos más de 99 por ciento.

Es evidente que resulta absurdo dejar que las personas dependan de este mismo pesado sistema para ir transitando por los años de educación media, educación superior y, después, la vida y el centro de trabajo. Sólo piense en todo lo que usted tiene que aprender en un día. Ahora imagine que está tratando de aprenderlo repitiendo cada hecho varias decenas o cientos de veces. No podría cubrirlo todo en una semana promedio, lo que explicaría en mucho por qué siente que lo abruman las oleadas de información que hay en su vida.

Por cuanto se refiere al sistema educativo—y la mayor parte de nuestro aprendizaje—los pasados cien años de investigaciones sobre cómo adquirimos y retenemos la información bien podrían no haber existido. Por lo tanto, guardamos en nuestro interior un enfoque del aprendizaje, primitivo e inadecuado, que normalmente resulta ineficiente para casi toda necesidad de aprender. Es lento, entorpece la adquisición de conocimientos en lugar de facilitarla y hace que aprender requiera un esfuerzo 100 por ciento mayor de lo necesario.

Como no nos enseñan a aprender correctamente, luchamos por incrementar las capacidades y los conocimientos vitales, y descubrimos que sólo hemos absorbido la décima parte o menos de lo que necesitábamos saber. Como no nos enseñan a recordar como es debido, olvidamos material básico para nuestros exámenes o juntas. No nos enseñan a leer bien; por lo tanto, nos encontramos avanzando con gran dificultad entre libros, revistas e informes, en forma lenta y poco productiva. Tampoco nos enseñan a escuchar con atención; así, después de las conferencias y los informes, encontramos que todo lo que escuchamos se nos resbala entre los dedos de la mente como si fuera arena en una criba. Y, como no nos enseñan a pensar correctamente, nos tropezamos con callejones sin salida, llegamos a conclusiones erróneas y, al parecer, siempre vamos un paso atrás del resto del mundo.

Otro motivo por el cual pensamos que casi todos los demás aprenden mejor es que siempre estamos presentes durante nuestros desastres en el campo del aprendizaje. Por lo tanto, estamos excesivamente conscientes de lo que consideramos nuestros fracasos. Como rara vez estamos presentes durante los fracasos que tienen otros cuando tratan de adquirir conocimientos, ni tenemos conocimiento de ellos, presuponemos que ellos deben tener una capacidad superior de aprendizaje.

No es raro que consideremos que aprender es difícil y pesado, que requiere un gran esfuerzo y que nosotros somos los tontos del grupo. Para muchos, la idea de aprender conjura la imagen de una tarea difícil, laboriosa y muy cansada, una tarea que, en lo personal, no se nos da muy bien. Es probable que, ante la idea de tener que aprender algo nuevo, se presente una respuesta negativa similar.

No obstante, científicos como Mihaly Csikszentmihalyi han demostrado que cualquiera —incluso usted— puede aprender en seguida. Usted ya cuenta con las capacidades importantes. Están bien adheridas a su cerebro. Por ejemplo, las investigaciones arrojan que sólo se requiere una décima de segundo para entender la palabra hablada o escrita. Lo único que le falta a usted son las facultades —los instrumentos mentales— que los investigadores del aprendizaje han descubierto durante los pasados treinta años.

¿Qué pensaría del aprendizaje y de usted como aprendiz si pudiera aprender al instante? ¿Qué pensaría si adquirir conocimientos fuera algo instantáneo, que no requiriera esfuerzo? ¿Qué pensaría si sólo tuviera que escuchar un dato, leer un informe u observar una demostración una sola vez para aprenderlos para toda la vida?

Con destrezas como las mencionadas, usted jamás volvería a pensar que es alguien que tiene problemas para aprender, ni enfrentaría las situaciones que requieren aprendizaje como si fueran una tarea difícil y aburrida. Es probable que se consideraría un mago del aprendizaje y que anhelaría aprender porque se trata de una ocasión emocionante para hacer gala de su maestría, al mismo tiempo que le permite aumentar ese fondo de conocimientos que está creciendo permanentemente. Lo cierto es que las capacidades para aprender correctamente le ofrecerán una ventaja sin igual tratándose de aprender más que la mayoría de las personas que lo rodean; además, usted podrá llevar la delantera con facilidad y salir adelante con cada informe, clase y seminario que necesite conocer en su carrera o vida privada.

De hecho, aun sin estas destrezas, usted nació con facultades naturales para aprender tales que es probable que ya sea un estudiante magnífico, sin siquiera darse cuenta. Incluso con todas las desventajas de tratar de aprender con la serie de técnicas primitivas que le enseñaron en la escuela primaria, usted ya ha adquirido una fabulosa capacidad para aprender durante el transcurso de su vida. Ahora sabrá cómo identificar y aprovechar estas capacidades, al mismo tiempo que las completa con una serie entera de técnicas de avanzada para el aprendizaje, las cuales multiplicarán inmensamente su capacidad para aprender.

En este capítulo, usted empezará a detectar las aptitudes para aprender que ya tiene, a superar las actitudes negativas que impiden el aprendizaje y a dar los primeros pasos para convertirlo en la experiencia placentera que usted espera con ansia.

Usted ya es un estudiante fabuloso

¿Alguna vez se le ha presentado alguna de las siguientes situaciones?

☐ Su jefe requiere su presencia y le entrega un complejo manual con los protocolos nuevos que usted debe aprender ahora que la compañía entera está manejando un sistema de software nuevo.

☐ Por causa de un enorme enredo, a las 4:30 de la tarde, llegan a su escritorio 200 y pico hojas de especificaciones y, para la mañana siguiente, usted tendrá que discutir, con conocimiento de causa, hasta los detalles más mínimos en una conferencia telefónica transatlántica.

☐ Usted se casa con alguien que pertenece a una familia que tiene costumbres muy diferentes a las suyas, y las quiere aprender lo antes posible para "encajar" porque quiere muchísimo a su cónyuge.

❏ Llega a casa, después de la primera noche del curso de bienes raíces, con un intimidante libro de texto de muchos centímetros de grosor y se da cuenta de que tendrá que absorberlo en sólo seis semanas.

❏ Un cambio repentino en su vida le obliga a aprender a manejar un tipo de vehículo completamente nuevo.

❏ Con miras a un ascenso, usted asiste a una conferencia sobre un tema que debe dominar y se encuentra con el conferencista más aburrido del mundo.

La mayoría de las personas se han encontrado en situaciones como las que anteceden. Además, sus reacciones seguramente han sido muy parecidas. Se sintieron intimidadas, cuestionaron su capacidad y dudaron de su talento para aprenderlo todo debidamente.

Es probable que usted tenga una respuesta negativa similar ante la idea de tener que aprender algo nuevo. Para muchos de nosotros, la idea de aprender despierta la imagen de una tarea difícil, laboriosa y cansada, una tarea que no se nos da muy bien.

Todos los humanos tenemos capacidad para aprender por naturaleza, es parte de nuestra herencia. Pero la mayoría no nos damos cuenta por dos motivos:

❏ Las experiencias de aprendizaje negativas en el sistema educativo (y fuera de él).

❏ La falta de preparación para saber cómo aplicar al aprendizaje nuestros talentos naturales, muchas veces insospechados, para aprender.

¿Le cuesta trabajo creer que usted puede ser un magnífico estudiante? ¿Está convencido de que usted no sirve para aprender, que absorbe las cosas nuevas muy lentamente y con enorme dificultad?

Ello se debe a que, si usted es como la mayoría de las personas, se inclinará a pensar en las veces en las que ha tenido problemas para aprender (en razón de que ha aplicado técnicas de aprendizaje arcaicas e ineficientes que está a punto de sustituir por otras más efectivas). Rara vez —casi me atrevería a apostar que nunca— se detiene a pensar en lo que ha aprendido a lo largo de la vida y en todo lo que ha aprendido día tras día.

Aprendió a caminar —hazaña nada despreciable— aplicando cientos de sutiles movimientos y posiciones de músculos, peso, equilibrio e impulso. Aprendió a hablar —otro logro asombroso que debe ser motivo de orgullo— y a emplear miles de palabras y decenas de complejas reglas (las cuales tiene tan afianzadas que se mezclan sin falla alguna cada vez que abre la boca para hablar). También aprendió a leer, escribir, sumar, restar, multiplicar y dividir; aprendió una cantidad bastante notable de historia, geografía, ciencias, política y, tal vez, uno o dos idiomas más; y seguramente aprendió muchísimo de sus aficiones preferidas, sean obras de caridad, deportes, cine, televisión, antigüedades, automóviles, numismática, alta costura, golf o ciencia ficción. Además están los cientos, tal vez miles, de detalles, grandes y pequeños, que usted tuvo que aprender de su trabajo. Y qué decir de todos los procedimientos nuevos de "haga esto" y "haga aquello", "recoja esto", "reúnase con fulano de tal el miércoles a las diez y media", y muchísimo más que usted absorbe (aprende) todos los días en forma rutinaria, sin siquiera darse cuenta de que lo está haciendo o el magnífico estudiante que hay en usted. El siguiente ejercicio ha sido diseñado para ayudarle a establecer contacto, otra vez, con sus talentos primigenios como persona que aprende muchas cosas.

DUPLICADOR DE LA CAPACIDAD CEREBRAL #1

Repase los resultados de este ejercicio cada vez que empiece a dudar de su increíble capacidad para aprender.

1. Saque una hoja de papel o abra un archivo en su computadora.

2. Haga una lista de lo que haya aprendido en la escuela y que aún recuerda.

3. Haga una lista de las cosas que haya aprendido al realizar actividades deportivas, recreativas o pasatiempos.

4. Haga una lista de las cosas que haya aprendido para desempeñar su trabajo presente.

5. Haga una lista de lo aprendido en sus empleos anteriores.

6. Haga una lista de otras cosas que haya aprendido y que no tengan relación con las anteriores.

Cómo superar los cuatro obstáculos
para aprender al instante

La supervisora no entendía a Elina R. Trabajaban juntas en el departamento de reclamaciones de una compañía de seguros. Elina era una magnífica ajustadora. También era inteligente, estaba llena de energía y aspiraciones, y disfrutaba su trabajo.

Por cuanto a su supervisora, Elina parecía lista para un ascenso por méritos, a jefe de ajustadores, acompañado de un considerable aumento de sueldo. Lo único que le faltaba eran algunos conocimientos cruciales, y ella los podría adquirir fácilmente mediante unos cuantos cursos nocturnos y asistiendo a un par de seminarios de la compañía.

No obstante, por algún motivo que la supervisora no alcanzaba a entender, Elina, que por lo demás perseguía sus metas con gran ambición, nunca mostraba interés por ello. Cada vez que la supervisora le planteaba el tema de que adquiriera los conocimientos que necesitaba para el ascenso, Elina aceptaba a medias que le parecía una magnífica idea. Jamás llevaba a la práctica el consejo y no se inscribía en las clases o los seminarios que necesitaba.

Al final de cuentas, la supervisora de Elina no aguantó más la situación. Tenía que saber cuál era el problema, el porqué Elina se resistía tanto a dar los pasos que la llevarían al importante ascenso y el aumento de sueldo. Así que invitó a Elina a comer y le preguntó por qué se resistía tanto a prosperar.

Elina se detuvo a la mitad del quiché que estaba comiendo, se ruborizó mucho y empezó a tartamudear. Confesó que funcionaba muy mal en situaciones estructuradas para el aprendizaje. Sabía que era lista y que aprendía rápidamente las cosas haciéndolas; pero cuando se trataba de discursos, talleres y cursos, los reprobaba una y otra vez.

Así, los odiaba a ultranza y se llenaba de pavor con la simple idea. Dijo que cuando se encontraba en una sala de conferencias, en lugar de tener la capacidad para concentrarse como siempre, la mente se le ponía en blanco y no era capaz de concentrarse. Su atención divagaba y después tenía problemas para recordar lo que se hubiera dicho ahí.

Los exámenes la intimidaban y siempre se sacaba malas calificaciones en ellos. Aun cuando trabajaba en la oficina a gran velocidad y bajo presión, cuando tenía que presentar un examen escrito las respuestas le iban surgiendo con lentitud y gran dificultad, si es que se le llegaban a presentar. Además, su desempeño reflejaba su desazón mental.

Elina explicó que, por estos fracasos, enfermaba ante la sola idea de asistir a una clase o un curso. Quería el ascenso, pero si tenía que asistir a un curso y salir aprobada, jamás lo lograría.

Elina no es única. Millones de personas están convencidas de que no sirven para aprender y que tienen estas mismas experiencias desagradables con el aprendizaje. Al igual que Elina, no tienen conciencia de ello, pero su actitud negativa es, en gran medida, la causante de la calidad negativa de sus experiencias con el aprendizaje.

Casi todos podríamos aprender a mayor velocidad y con mucha más facilidad. Pero nos impedimos aprender. Las experiencias negativas que hemos tenido con el sistema educativo y los mitos sociales respecto al aprendizaje nos han convencido a muchos de que, de cualquier manera, no podríamos triunfar. Cuando enfrentamos las situaciones de aprendizaje siguientes, empezamos a programarnos para la tensión y el fracaso, repitiéndonos mentalmente una serie de juicios equivocados y negativos respecto al aprendizaje. Algunos de estos juicios negativos serían:

❏ "Aprender es muy aburrido".

❏ "No sirvo para aprender".

❏ "No aprendo" (o "no entiendo") esta materia.

❏ "No recordaré lo que estoy aprendiendo".

Estos mensajes parten de la premisa de que el aprendizaje es una tarea prácticamente imposible y que estamos sentenciados al fracaso. El repetírnoslos día tras día nos genera angustia, cada vez que tenemos que leer un informe o absorber una conferencia. También actúa como una orden autohipnótica que programa la mente para que cierre sus centros de aprendizaje, justo cuando más los necesitamos. No es extraño que los resultados de nuestro aprendizaje equivalgan muchas veces a nuestras expectativas de aprendizaje.

Para que los resultados de su aprendizaje cambien de negativos a positivos, usted tendrá que reprogramar su mente con mensajes positivos respecto a su capacidad para aprender. Esto le resultará mucho más fácil ahora que cuenta con una conciencia sólida de sus logros en el aprendizaje, después de realizar el ejercicio de afirmaciones positivas. El instrumento que los expertos en motivación, como el doctor Neil Fiore, llaman "conversación positiva con uno mismo, resulta muy útil para cambiar mentalmente de una pista a otra, y ello nos permitirá abordar las oportunidades para aprender con energía y confianza, con los centros de aprendizaje de la mente cargados y funcionando en un nivel óptimo.

Encontrará que el siguiente sistema para reprogramar la conversación negativa con uno mismo, adaptado de la obra del doctor Fiore, le pondrá en movimiento de inmediato, que lo hará olvidar las actitudes negativas que tenía ante la idea de aprender y lo orientará en la dirección positiva de los maestros del aprendizaje. Cambiar las viejas formas de pensar toma su tiempo; pero, para poder cambiar sus actitudes, usted no tiene que esperar a haber detenido sus pensamientos negativos del todo. En cambio, sí podrá usar su conocimiento del patrón de la conversación consigo mismo para que éste le avise que debe cambiar la pista de su mente y manejar el idioma de un buen estudiante. Cuando lo haya hecho varias veces, se fortalecerán sus conversaciones positivas consigo mismo respecto al aprendizaje y también le resultará más fácil iniciarlas, al tiempo que las viejas se van atrofiando.

Por ejemplo, usted se ha sentado con el propósito de revisar un artículo, aparecido en una publicación especializada, que habla de cambios importantes en la forma en que la red mundial está afectando su profesión. Tal vez, lo primero que advierte es que sus hombros se han inclinado hacia adelante, como si estuviera deprimido, cargando un gran peso. ...este es un indicio claro de que, aun cuando usted no se haya dicho "no sirvo para aprender", su cuerpo está respondiendo a una conversación negativa consigo mismo, que viene de lo más profundo de su mente. En ese momento, usted adquiere conciencia y cambia las consecuencias, programando en sentido inverso su inconsciente con el enunciado contrario: "Ya soy un buen estudiante y he dominado muchas campos de conocimiento hasta ahora, a lo largo de mi vida."

Sentirá la fuerza de la transformación positiva inherente a la segunda afirmación. Cuando usted aprende a detectar mentalmente que se encuentra en medio —o justo antes— de una conversación negativa consigo mismo respecto al aprendizaje y la sustituye por su contraria, libera toda esa energía para provecho de su capacidad para aprender. Conforme revise las falacias y los daños de cada una de las cuatro afirmaciones negativas siguientes, trate de convertirlas en afirmaciones positivas, eliminando los elementos negativos y sustituyéndolos por elementos positivos.

"Aprender es aburrido"

Esta absurda afirmación es el primer obstáculo que interponen las personas en su camino para aprender. En primera instancia, es mentira. Sólo mire hacia atrás y recordará las muchas veces en las que una oportunidad para aprender le pareció emocionante y que estuvo tan entusiasmado que se perdió inmerso en ella. En cambio, cuando repite constantemente que aprender es "aburrido" y hace que parezca una pérdida de tiempo poco atractiva, no es nada extraño que se sienta inquieto y tenga problemas para concentrar la atención.

"No sirvo para aprender"

Los deportistas y los empresarios aplican la llamada "visualización positiva" para asegurar su éxito. Según el doctor Charles Garfield, mago del alto rendimiento, estas personas programan la mente para triunfar, imprimiendo imágenes de sí mismas alcanzando la victoria. Tal vez piense que se trata de un ritual absurdo, pero hay un acervo impresionante de documentos científicos que confirman la capacidad de la técnica para reprogramar dudas o sentimientos negativos, al tiempo que se refuerza la aceptación inconsciente de la capacidad para triunfar. Si deleitarse en el éxito puede programarle para el éxito, imagínese lo que bombardear su mente constantemente con imágenes de falta de capacidad y fracaso puede hacer para prepararle para el fracaso. Repítase el tiempo suficiente que usted no sirve para algo, y eso será una profecía que se cumplirá sola. Por supuesto, usted es un buen aprendiz, de lo contrario no podría estar leyendo este libro, ni siquiera habría podido comprarlo.

"No aprendo (o 'no entiendo') esta materia"

Se trata de otra tontería muy difundida. Aprender algo acerca de lo que le guste "por ejemplo, las violetas africanas o las estadísticas de todos los patinadores olímpicos de figura" se basa en las mismas capacidades mentales que aprender el intríngulis de un sistema de contabilidad nuevo o la lengua japonesa. Si usted ha aprendido una cosa, puede aprender otra. No obstante, si se dice constantemente que no puede aprender japonés, programará los caminos mentales para rechazar la información. Es como untarse aceite en los dedos justo antes de coger un objeto liso y resbaladizo. La mente tomará por un hecho lo que usted le reitere y todo lo que usted escuche o lea sobre el tema se le escurrirá.

"No recordaré lo que estoy aprendiendo"

Si el refuerzo positivo le puede ayudar a hacer las cosas mejor, imagínese las consecuencias de decirse constantemente que usted no puede recordar los detalles de un informe. Enviará así a su cerebro el equivalente a un comando mental de "borrar" o "eliminar", uno que cancela totalmente la información de sus archivos mentales con la misma velocidad con la que los llena.

Deje de repetir mentalmente estas afirmaciones destructivas de sí mismo y sustitúyalas por conversaciones consigo mismo que refuercen su conciencia de la capacidad de sus talentos naturales para aprender.

DUPLICADOR DE LA CAPACIDAD CEREBRAL #2

Cuando una oportunidad para emprender le empiece a producir angustia, temor o tensión, haga el ejercicio para programarse en contrario, con la conciencia positiva y sólida de su capacidad para aprender.

1. Cambie la afirmación "aprender es aburrido" por su contraria, o formúlela de otra manera. (Ejemplo: "Aprender es emocionante, apasionante e interesante".)

2. Cambie la afirmación de "no sirvo para aprender" por su contraria o formúlela de otra manera. (Ejemplo: "Soy un magnífico estudiante y ya he aprendido muchísimas cosas".)

3. Cambie la afirmación de "no aprendo (o "no entiendo") esa materia" por su contraria o formúlela de otra manera. (Ejemplo: "Aprendí mi trabajo, inglés, matemáticas y mucho del mundo. También puedo aprender esto".)

4. Cambie la afirmación "No recordaré lo que estoy aprendiendo" por su contraria o formúlela de otra manera. (Ejemplo: "Ya he aprendido a recordar muchas cosas importantes: nombres, datos, fechas. Puedo recordar y recordaré los aspectos más importantes de esto".)

Premie las experiencias triunfadoras de aprendizaje

Josué era un gerente a la antigua. Desde el principio dejaba claro que, si los empleados querían conservar su empleo, más valía que estuvieran a la altura de las circunstancias. Aquellos que se equivocaban o que no obtenían buenos resultados eran despedidos sumariamente. Las personas trabajaban en un ambiente lleno de temores y amenazas, en espera de las sanciones que les caerían encima, y encaminaban sus esfuerzos a no cometer errores, en lugar de dirigirlos a la productividad o la creatividad.

Sonia era justo lo contrario. Concedía gran importancia a los premios. (Los empleados que obtenían buenos resultados recibían aumentos, ascensos, tiempo de compensación y bonos.) Alababa abiertamente, delante de otros empleados, a los que hacían las cosas bien. Su equipo trabajaba afanosamente, en un ambiente lleno de emoción, aportando más en espera de los beneficios que les esperaban más adelante.

¿Cuál estilo administrativo le funcionaría mejor a usted para trabajar? ¿Con cuál gerente preferiría trabajar? Si usted es como la mayoría de las personas, probablemente habrá elegido a Sonia. Ella aplicaba el estilo de administración por "atracción". Por otra parte, Josué era partidario de la escuela de la "presión" o la "sanción".

En cierta época, hubo muchas polémicas respecto a cuál sistema obtenía los mejores resultados. No obstante, estudios científicos demuestran que el enfoque de la "atracción" es muy superior. Las compañías, las divisiones y los departamentos que lo aplican consistentemente arrojan mayor productividad en la empresa, mayor eficiencia de los empleados y una línea de base muy fuerte.

¿Qué relación guarda lo anterior con el aprendizaje? Aun cuando la mayoría de las personas preferirían trabajar con el método administrativo de la "atracción", se aplican a sí mismas el método de la "presión" cuando tienen que aprender. Cuando se presentan las oportunidades para aprender, estas personas tratan de alcanzar mayores logros recordándose los desastres que ocurrirán en caso de que salgan mal libradas. Llenan la mente de imágenes de informes de malos resultados, malas calificaciones, ascensos evaporados y el sentimiento de estupidez y poco valor; un nuevo fracaso al aprender.

No es nada extraño que la idea de aprender las llene de miedo y nerviosismo. Al aplicar el enfoque de la "presión", lo único que pueden contemplar son las consecuencias desastrosas que podrían presentarse.

Los premios y los beneficios del aprendizaje no forman parte de su panorama mental.

Tratan de hacer todo lo posible para demorar o esquivar el seminario al que tienen que asistir o la exhibición del video que tienen que observar. Cuando llega la hora de entrar en el aula o de pasar el video, están tan seguras de que las consecuencias serán dolorosas y un desastre personal que se apresuran para cumplir con la tarea, sin un verdadero compromiso o participación personales. En consecuencia, pescan poco de lo que supuestamente deben aprender y la experiencia resulta tan negativa como habían supuesto.

No cometa este error. Si viene tratando de motivarse para aprender con la escuela de la "presión", déle un giro para usar la "atracción". Cambie su enfoque del desastre y la sanción al de los beneficios, los premios y la felicidad de dominar con maestría un tema nuevo. Descubrirá que ha aumentado enormemente su afán por aprender, y este afán, a su vez, aumentará su capacidad para aprender.

DUPLICADOR DE LA CAPACIDAD CEREBRAL #3

Con el paso del tiempo, el siguiente programa estructurado producirá asociaciones tan positivas y fuertes respecto al aprendizaje que usted no tardará en anhelar con emoción cada oportunidad que se presente.

1. Cuando sepa que se le presentará una oportunidad de aprender, escoja un premio que se dará después de ella, algo que usted no compraría, haría o realizaría.

2. Cuanto más intimidado se sienta, tanto más excepcional deberá ser su premio.

3. Imagínese disfrutando el premio con la mayor cantidad posible de detalles, cómo sabría, se sentiría y sería.

4. Cada vez que esté pensando en la oportunidad de aprender, cambie de una pista mental a otra y repita el paso 3.

5. Repítalo justo antes de que empiece la oportunidad de aprender.

6. Durante el aprendizaje, cada vez que sienta angustia o tenga otros sentimientos negativos, repita el paso 3.

7. Después (independientemente de los resultados), cumpla su promesa y entréguese ese premio.

Capítulo 2

Aproveche su estado "óptimo" de aprendizaje

En octubre de 1966, *Magazine of Fantasy and Science Fiction* publicó un número especial sobre mi difunto amigo Isaac Asimov. Contenía tres cuentos, un artículo científico y unos cuantos escritos triviales, obra del bioquímico, ensayista científico, historiador y novelista. Un artículo editorial señalaba que el doctor Asimov, que a la sazón del mismo tenía 45 años, había escrito 75 libros en los primeros 15 años de su carrera. Y comentaba: "Si Asimov sigue al mismo ritmo observado en los pasados 15 años, cuando cumpla 75 años habrá escrito alrededor de 225 libros."

Por cuanto sabe el mundo civilizado, el cálculo estuvo lamentablemente equivocado: el prolífico Asimov llegó a ser, en menos del tiempo señalado, autor de casi 400 libros publicados. Si hubiera llegado a los 75 años, el total habría sido más bien 450: el doble del cálculo original.

¿Cuál era el secreto de Asimov? Hay quienes lo han atribuido a una memoria eidética (fotográfica). Tenía buena memoria, pero no fotográfica. Asimov, en su autobiografía, *In Memory Yet Green,* hace frecuente referencia a sus lapsos de memoria y reconoce que no habría podido escribir de no haber llevado un diario detallado de las actividades relacionadas con sus escritos.

La capacidad de Asimov para producir un volumen tan pantagruélico de erudición partía de su prodigioso amor por aprender. No sólo engullía libros, sino temas enteros. Asimov tampoco era un lector veloz. En cambio, poseía un gusto enorme por acumular hechos, cifras y datos fascinantes.

Asimov quería saber de todo. Le consumía una pasión total por aprender, una sed inagotable por descubrir todo lo nuevo que se pudiera aprender y que fuera diferente, se tratara de situaciones o de personas. Sin importar las circunstancias o con quien estuviere, si leyera o no, si la relación personal fuera fortuita o aburrido el orador, Isaac Asimov aprendía permanentemente.

¿Cómo pudo un bioquímico cualquiera, nacido de un padre inmigrante dueño de una dulcería en el Bronx, convertirse en uno de los prodigios del conocimiento más celebrados del siglo xx? ¿Nació así o aprendió de algo que podemos aprender todos?

La respuesta es sencilla: Asimov, como muchos otros magos del conocimiento, aprovechó —consciente o inconscientemente— casi todo el tiempo, un estado mental natural que el resto de nosotros sólo podemos conocer de vez en cuando o por accidente. En este estado, adquirimos la información al instante, sin esfuerzo y con tal placer que queremos seguir haciéndolo hasta caer rendidos.

Tal vez dude que haya vivido esta experiencia jamás. No obstante, si repasa su vida, sin duda recordará cuando menos una ocasión en la que el aprendizaje se le dio excepcionalmente bien, tan bien que destaca vívidamente en su memoria. Tal vez haya sido un taller, un libro iluminador, una conferencia apasionane, el día que su padre la enseñó a volar cometas o la vez que su madre le enseñó cosas del mercado de futuros. Lo he llamado "estado óptimo de aprendizaje"; otros lo llaman "desempeño pico", "estado de flujo", "la zona", y el "estado pico de aprendizaje".

A partir de la década de 1960, científicos de diversos campos han venido estudiando el estado óptimo de aprendizaje (EOA). Mihaly Csikszentmihalyi, investigador de la Universidad de Chicago, lo ha descrito como "un estado de concentración paralelo a una inmersión absoluta en la maravillosa sensación de que se está al mando del presente y desempeñándose al máximo de su capacidad". En el EOA, se está completamente absorto en lo que se aprende y el entendimiento llega en su punto máximo.

Imagínese cómo sería la absorción de ideas y de información nuevas si usted abordara cada situación de aprendizaje en su EOA, como lo hizo Asimov y lo hacen otros magos del aprendizaje. La capacidad de su cerebro se multiplicaría inmensamente. Usted ya no tendría que "sudar la gota gorda" con la clase sobre redacción comercial, el diagrama de flujo de su departamento, la forma nueva de canalizar las quejas de los clientes, o el análisis de 200 páginas de los resultados de su competidor. Usted puede dominar todo eso con maestría y sin problemas.

La noticia buena es que esto último es muy factible. Como resultado de la obra de Csikszentmihalyi y sus colegas, los científicos han hecho gráficas del EOA y de los pasos que llevan a él. En las próximas secciones, usted descubrirá cómo aprovechar estos conocimientos para provecho propio. Al combinar la respiración profunda, el relajamiento y unas cuantas afirmaciones simples, usted podrá tener acceso al EOA en el momento que lo necesite, aunque con un poco de preparación por delante. Asimismo, aprenderá una técnica especial para sacar a relucir información —igual que si hubiera estado en el EOA— después de una situación de aprendizaje que lo haya tomado desprevenido.

Active su estado óptimo de aprendizaje

Phillip estudiaba química en la universidad y me abordó con un problema que le inquietaba. El martes había asistido a una conferencia sobre la Guerra Civil estadounidense, tema que no le interesaba mucho. Por algún motivo que no entendía, se había "sintonizado" con la conferenciante y, al parecer, había entendido cada una de las palabras pronunciadas por ella, incluso anticipándose a lo que iba a decir. Phillip había sentido la mente anormalmente despejada, "verdaderamente aguda", pero experimentó una gran caída al concluir la conferencia. También había contestado excepcionalmente bien la prueba aplicada después del evento.

En cambio, el sábado, cuatro días después, asistió a una conferencia mucho más importante, sobre catalizadores, tema que desde siempre le había fascinado y en el que necesitaba obtener calificaciones altas. El catedrático que dictó la conferencia era un orador magnífico. No obstante, Phillip se sintió mental y físicamente "decaído", por lo que no pudo concentrarse en lo que decía el exponente y, cuando llegaba a lograrlo, tenía problemas para entender lo expresado; cuando hizo un verdadero esfuerzo por concentrarse en las palabras, siguió teniendo dificultad para entender qué significaban. Después de la conferencia, Phillip apenas si logró recordar algo de lo expresado por el catedrático. Y lo peor: salió muy mal en la prueba siguiente, una que necesitaba aprobar.

Phillip se lamentó: "¿Qué me pasa? Ojalá me hubiera concentrado bien el sábado, cuando contaba, en lugar del martes, cuando no contaba. Ojalá hubiera podido tronar los dedos y absorber conocimiento todo el tiempo."

No era la primera vez que oía hablar de un caso o una lamentación particular así. El martes, algo había activado el estado óptimo de aprendizaje de Phillip; el sábado, había vuelto a la normalidad y, tal vez, un poco por abajo de lo normal. Todos entramos en el EOA en ocasiones, en momentos fortuitos muy separados unos de otros.

Es casi seguro que usted haya tenido experiencias similares. Por supuesto, entonces usted no sabía que se llamaban estados óptimos de aprendizaje; es probable que usted ni siquiera los llamaría de alguna manera. Además, tal vez haya terminado sorprendiéndose de usted mismo y deseado también —con sólo "tronar los dedos"— volver a captar eso que activó la experiencia en primera instancia.

Ahora puede hacerlo. El EOA no tiene por qué ser un fenómeno fortuito u ocasional que llega y se va así nada más. Usted puede entrar en el EOA siempre que lo necesite, con sólo un poco de preparación. Las investigaciones sobre el aprendizaje óptimo realizadas por Mihaly Csikszentmihalyi y otros han detectado la combinación de factores que disparan el EOA. El resultado es una sencilla técnica de tres pasos que sólo toma unos minutos.

Las primeras investigaciones sobre el estado óptimo de aprendizaje lo ligaban a las ondas theta. Las investigaciones con aparatos de encefalografía mostraron que cuando estamos aprendiendo en nuestro punto máximo, el cerebro emite ondas electromagnéticas del orden de cuatro-a-siete-ciclos-por-segundo (CPS), u ondas theta. La mayor parte de los estados conscientes, desde el sueño hasta la conciencia plena, producen sus propias ondas cerebrales características.

Por lo general, las ondas del cerebro se clasifican de las más lentas a las más rápidas.

- ❏ Ondas delta (1-3 CPS) – sueño profundo sin sueños.

- ❏ Ondas theta (4-7 CPS) – emoción o concentración intensa.

- ❏ Ondas alfa (8-12 CPS) – relajación y meditación.

- ❏ Ondas beta (18-40 CPS) – conciencia y sueños conscientes.

El problema para quienes pretenden tener acceso al estado óptimo de aprendizaje es que no hay una forma conocida para que alguien dispare deliberadamente las ondas theta (4-7 CPS). Esto preocupó a los investigadores durante muchos años. Advirtieron después algo interesante.

Las ondas theta ligadas al aprendizaje óptimo y las ondas alfa ligadas a la relajación del sueño están lado con lado, a sólo 1 CPS de distancia. En general, pensamos que la creatividad intensa y la relajación tranquila son completamente diferentes. Sin embargo, vistos en términos de sus CPS, resulta evidente que los componentes mentales del estado de relajación profunda y el estado de concentración están estrechamente relacionados.

En este caso, el punto clave es que el estado de aprendizaje con ondas theta no se puede producir de forma consciente, pero que el estado de relajación profunda sí. Los dos estados sólo están separados por un ciclo por segundo. Esto me condujo a elaborar un método de tres pasos para llevar a la mente y el organismo al borde del EOA y después desacelerar ese tan vital ciclo por segundo de más que activa el EOA mismo.

Ahora, Phillip y todos los que son como él, pueden entrar en su EOA cada vez que lo requieran, y no sólo cuando éste decide "presentarse" por cuenta propia. Estos tres pasos son:

- ❒ Recurrir a la respiración profunda para crear el EOA.
- ❒ Recurrir a la relajación para profundizar el EOA.
- ❒ Recurrir a la afirmación para asegurar el EOA.

La respiración profunda para lograr el EOA

No se salte esta parte si desea duplicar la capacidad cerebral. No hay en este libro —ni en ningún otro— otra técnica que sea más importante. La respiración profunda es el factor más fundamental para producir el EOA. Si jamás lo ha intentado, tal vez descarte la idea de que algo tan común y corriente como la respiración, a la que pocos prestan atención, lo transformen en un superestudiante. Quizá le parezca una tontería seudocientífica absurda, mística o esotérica. No obstante, hay muchísimas pruebas científicas irrefutables de que la respiración profunda puede crear las condiciones fundamentales para todas las experiencias del aprendizaje óptimo. La respiración produce un efecto poderoso en nuestras mentes porque . . .

- ❒ Aumenta la cantidad de oxígeno a disposición del cerebro, y éste requiere mucho más oxígeno cuando funciona en los niveles del aprendizaje óptimo.
- ❒ Relaja el cuerpo y libera la tensión de la mente.
- ❒ Establece un ciclo físico rítmico que sintoniza al cerebro con el estado de las ondas alfa de 8-12 CPS.

De hecho, al igual que en el caso del ejercicio de relajación profunda que se presenta después del Duplicador de la Capacidad Cerebral #7, la respiración profunda puede darle un impulso saludable a su habitual capacidad mental.

DUPLICADOR DE LA CAPACIDAD CEREBRAL #4

Recurra al sencillo ejercicio siguiente —que sólo toma dos minutos— con objeto de prepararse para aprender una tarea o absorber datos importantes. Inténtelo ahora y después recurra a él todos los días.

1. Busque un lugar tranquilo y siéntese cómodamente, con la espalda bien erguida.

2. Coloque la mano derecha arriba del ombligo, y la izquierda justo abajo de las costillas. Después, relaje los músculos abdominales.

3. Inhale en forma suave y natural. No jale el aire con los músculos del estómago, sólo permita que sus pulmones inhalen el aire de forma natural. La mano derecha debe moverse ligeramente a consecuencia de la inhalación y no por algún movimiento forzado de los músculos del estómago. Al mismo tiempo, su pecho se expandirá, haciendo que la mano izquierda se mueva hacia afuera y arriba. De nueva cuenta, el movimiento debe ser producido exclusivamente por la inhalación y no por los músculos del estómago.

4. Exhale revirtiendo los pasos 1 y 2. (Deje que el aire fluya naturalmente, que salga sin forzarlo.)

5. Repita lo anterior durante unos cuantos minutos, hasta que sienta que ha empezado a respirar de manera cómoda, natural y fácil.

6. En seguida, empiece a inhalar lentamente por la nariz, mientras cuenta hasta cuatro. (Visualice el oxígeno que se traslada directamente de los pulmones al cerebro.)

7. Aguante el aire mientras cuenta hasta cuatro. (Visualice el oxígeno enfriándole el cerebro.)

8. Exhale mientras cuenta hasta cuatro. (Visualice que su respiración libera las tensiones del cuerpo y la mente.)

9. Repita los pasos 5-7 cinco veces más. (Más veces podrían llevar demasiado oxígeno a su cerebro.)

10. Reanude la respiración natural. A estas alturas usted sentirá que ha pasado de la conciencia común al estado alfa.

Usar la relajación para profundizar el EOA

Las técnicas de la respiración profunda sirven para tranquilizar la mente, al mismo tiempo que dan energía al organismo y al cerebro. Dirigen el estado del cerebro de las ondas beta de los 18-40 CPS, de la conciencia cotidiana hacia los 8-12 CPS de la relajación profunda, que están tan cerca del EOA.

A no ser que usted profundice el estado de relajación de las ondas alfa de alguna manera, éste se le escapará. El cerebro, si lo deja actuar solo, no tardará en volver a cambiar a los 18-40 CPS de la conciencia cotidiana. Lo anterior se debe a que su mente está diseñada para funcionar así, supervisando en todo momento su entorno constantemente y generando pensamientos al respecto.

Según estudios realizados por Jerome Singer, Ph.D., decano de los investigadores de la conciencia, sin importar lo que estemos haciendo aparte, el cerebro está conectado para continuar pulsando con los pensamientos —clasificando información y generando posibilidades, prácticas e imprácticas— durante todo el tiempo que estamos despiertos. Si no tenemos otra cosa en la mente, ello contribuye a aprovechar al máximo la capacidad mental que, de otra manera, se desperdiciaría. (En esencia, gracias a esta pequeña función pudimos pasar de las cavernas a los condominios, sobreviviendo ante infinidad de retos por el camino.)

Investigaciones realizadas por Eric Klinger, doctor en psicología, arrojan que justo después de que uno trata de aprender, la conciencia común y corriente se convierte en obstáculo para llegar al estado alfa y el EOA. Más de 75 por ciento de su capacidad para aprender es drenada por medio de las "pulsaciones del pensamiento, clasificando información y generando posibilidades". Klinger descubrió que lo anterior dejaba en libertad menos de 25 por ciento del cerebro para adquirir información nueva y la tarea presente.

Esos pensamientos se pueden acallar mediante la relajación profunda, con lo que se libera la capacidad para aprender y se aproxima más al EOA. Los procedimientos básicos se conocen desde hace muchos siglos y, en fecha reciente, han sido validados por científicos como el doctor Herbert Benson, M.D., con investigaciones realizadas en el hospital Beth Israel de Boston. Antes se entendían con nombres como "oración", "meditación", "yoga" y "morar con el espíritu santo".

El doctor Benson encontró que, colocando a las personas en habitaciones tranquilas y cómodas, y llevándolas por una serie de imágenes mentales pacíficas, su cerebro no tardaba en producir ondas alfa.

Medida con los instrumentos de laboratorio del doctor, la mente se tranquilizaba y la respiración se tornaba más moderada; además, se entraba en un estado de relajación profunda. Al mismo tiempo, el torrente sanguíneo se inundaba de sustancias químicas que reforzaban el cerebro, como las endorfinas, los benzodiacepanes y otras neuropeptidas, que son liberadas cuando nos sentimos felices, optimistas y muy bien.

Millones de personas han recurrido a alguna variante de la técnica del doctor Benson como vía para desacelerar la mente hasta los 8-12 CPS de la relajación profunda que sirve de entrada al estado de las ondas theta de 7 CPS (Estado óptimo de aprendizaje).

El enfoque del doctor Benson produce una mente tranquila, en paz y alerta, así como un cuerpo profundamente relajado, y resulta muy fácil de aplicar. Además, como en el caso de la respiración profunda, Ronald Gross escribe, en *Peak Learning,* que los resultados para el aprendizaje son "profundos y benéficos", incluso si se usa sola.

DUPLICADOR DE LA CAPACIDAD CEREBRAL #5

Cuando tenga tiempo para prepararse durante unos cuantos minutos antes de una oportunidad para aprender, siga la introducción a la respiración profunda con esta adaptación del enfoque del doctor Benson. Esto lo llevará al borde el estado óptimo de aprendizaje.

1. Después de unos minutos de practicar la respiración profunda, cierre los ojos y vuelva a respirar normalmente por la nariz.

2. Cuando su respiración vuelva a la normalidad, concéntrese en el aire que fluye rítmicamente, entrando y saliendo por las ventanas de la nariz.

3. Si su atención empieza a divagar y se presentan pensamientos que lo distraigan, no se agobie; vuelva a concentrarse en la respiración hasta que ésta empiece a desacelerarse. (No trate de relajarse conscientemente; sólo observe con tranquilidad.)

4. A estas alturas, usted debe haber alcanzado un estado de relajación profunda y de tranquilidad mental: estará en el estado alfa.

La afirmación para asegurar el EOA

Cuando la respiración y la relajación le han llevado al borde —o al interior— del EOA, usted podrá profundizarlo y cambiarse el resto del camino recurriendo a la afirmación.

La afirmación no es sino una instrucción que usted envía a su inconsciente, de manera muy similar a como envía una al CPU de su computadora. Como en el caso de la computadora, el verdadero trabajo de la mente no ocurre a la vista, sino en el inconsciente. Usted no se puede comunicar con su inconsciente directamente, pero sí puede comunicarse con él mediante su propio lenguaje especial, al igual que si se tratara de una computadora.

La afirmación es el "lenguaje de programación" de la mente. Funciona porque su inconsciente es sumamente receptivo de enunciados sencillos y positivos. Como escribe Ron Gross: "Ningún lugar es tan real en el terreno del aprendizaje como esto, porque tratamos con el estado de la mente, no con las condiciones externas."

En este caso, lo importante es que las afirmaciones tienen la capacidad de programar la mente, al indicarle a ésta que se dirija al EOA, al igual que un comando de la computadora tiene la capacidad para cambiar de un programa a otro. El EOA es un estado mental, y los estados mentales son particularmente susceptibles a la afirmación. Gross afirma: "sé, tanto por mi ejercicio personal como por la experiencia de mis estudiantes, que las afirmaciones pueden funcionar magníficamente para abrir la mente a cualquier experiencia de aprendizaje."

Las afirmaciones, "al principio, quizá parezcan simplistas", advierte Gross, "pero tenga paciencia; tienen que ser elementales para producir un impacto en el inconsciente".

DUPLICADOR DE LA CAPACIDAD CEREBRAL #6

Aplique estas afirmaciones además de la respiración y la relajación profundas para dar un "salto cuántico" que lo lleve al EOA. Aun repetidas solas, justo antes o durante una oportunidad de aprendizaje, le harán aprender de manera excelente durante el tiempo que duren.

1. Repítase lenta y tranquilamente los siguientes enunciados, de uno en uno.

2. Piense en el significado de cada enunciado durante un minuto, más o menos, antes de pasar al siguiente.

3. Después de pensar en cada uno de ellos, repítalo una vez en voz alta, con voz firme y tranquila.

DUPLICADOR DE LA CAPACIDAD CEREBRAL #6 (cont.)

4. Estos son los tres enunciados que le abrirán las puertas del EOA:

"Soy magnífico para aprender."
"Estoy entrando en el estado óptimo de aprendizaje."
"Aprenderé con facilidad y a fondo."
"Lo que aprenda me interesará y emocionará."

5. Ahora que ha reforzado la capacidad de su cerebro al entrar en el EOA, puede aprovechar al máximo su oportunidad para aprender.

Saque ese "estudiante óptimo" que lleva adentro

¿Le resulta conocida esta experiencia? Usted ha meditado mucho sobre un problema y no llega a una solución: ha buscado un lema para impulsar las actividades destinadas a recaudar fondos para su iglesia. Luego va en su auto camino al supermercado, pensando en otra cosa, cuando de repente le parece que alguien le susurra la solución al oído o como si estuviera sentado a su lado. "La religión es gratis; el mantenimiento del edificio no lo es."

Es probable que usted haya vivido más de una experiencia en la cual una voz etérea le haya proporcionado una frase, el dato olvidado o el enfoque que usted necesitaba para responder a un problema urgente. Según Willis Harman, doctor en filosofía, investigador de la creatividad y presidente del Institute of Noetic Sciences, estas experiencias son comunes. No obstante, generalmente nos entregamos tanto a la emoción del brote repentino de la capacidad de nuestro cerebro que no nos detenemos a pensar en cómo sucedió. Además, dice, por otra parte, aceptamos la solución, pero tratamos de no pensar en su origen, porque resulta extraño.

Según Harman, esta voz es nuestro estudiante óptimo interno. Sea que estemos en el EOA o no, nuestro inconsciente siempre está en el modo de aprendizaje óptimo. Se deja llevar por el estado de "flujo", observando, recordando, entendiendo y llegando a la conclusión acertada, respecto a todo lo que ocurre a su alrededor. Con frecuencia, lo aprovechamos sin saber, escuchando lo que tiene que decir, en forma de una voz interior etérea.

Si usted no ha podido entrar en el EOA antes de una experiencia de aprendizaje, no se asuste. Todo el conocimiento está ahí, justo abajo de la superficie de la conciencia, en forma de su estudiante óptimo interno. Harman ha participado en investigaciones en las cuales se enseñó a las personas a entrar en su EOA, vía una técnica de visualización, engañosamente sencilla.

No descarte la idea de llegar a su inconsciente por vía de la visualización en tanto no lo haya intentado. Herman dice que imaginar algo vívidamente tiene un impacto profundo en el cuerpo y la mente, que envía por los caminos de sus neuronas señales como si fueran experiencias reales. Eso explica por qué se le "hace agua la boca" cuando piensa en chupar un limón o por qué lloramos cuando recordamos el fallecimiento de un ser querido, o por qué nos damos cuenta de que nuestro corazón late más lento cuando imaginamos las olas que suben y bajan en una tranquila laguna tropical.

El siguiente enfoque para tener acceso a su estudiante óptimo interno ha sido adaptado de *Higher Creativity* de Harman, escrito en coautoría con Howard Rheingold.

Duplicador de la capacidad cerebral #7

Trátese de una conferencia, un informe o una junta, su estudiante óptimo interno le puede ayudar a volver a captar cualquier cosa y todo lo que usted piensa que su mente consciente pasó por alto durante la experiencia de la siguiente manera.

1. Busque un lugar tranquilo y cómodo donde sentarse.

2. Tómese unos cuantos minutos para tranquilizar la mente y liberarla de toda distracción. (Una oración simple o un mantra pueden ayudar.)

3. Repase sus recuerdos. Busque una oportunidad de aprendizaje que le haya funcionado excepcionalmente bien, una en la que usted "entró" a fondo a lo largo de todo el proceso y en la que estuvo "destacado" después.

4. Reproduzca la escena con la imaginación, como si estuviera viendo la escena y usted (su estudiante óptimo interno) desde arriba. No trate sólo de "verlo". Reproduzca una imagen mental con todos los aspectos, sonidos e impresiones que usted experimentó ahí. ¿Fue en el

DUPLICADOR DE LA CAPACIDAD CEREBRAL #7 (cont.)

interior o en el exterior? Si había otras personas, trate de retratar sus rostros y escuchar sus voces. Haga todo lo posible por oler los olores, sentir las sensaciones.

5. Mírese desde arriba. ¿Recuerda cómo se sentía respecto a lo que estaba aprendiendo? ¿Escuchaba, leía o actuaba a fondo? ¿Tenía una sensación de emoción, una enorme fascinación e interés?

6. ¿Recuerda cómo se sentía físicamente; sano, conectado, alerta? ¿Cómo se sentía mentalmente, con mente clara, extraordinariamente perceptivo, con la atención tras cada detalle con la misma velocidad que una gotita de mercurio?

7. ¿Recuerda qué sentía de usted mismo al aprender, que aprendía muy bien, que era un buen alumno, que en verdad tenía éxito?

8. Ahora, imagínese que flota hacia usted mismo en esa situación de aprendizaje. Pregunte a esa imagen de usted mismo (su estudiante óptimo interno) qué fue lo que necesitó saber para triunfar, en lugar de fracasar. Haga su pregunta lo más específica posible, si son los puntos esenciales, algo crucial que ha olvidado o todo desde el principio. (Tal vez opte por tomar notas.)

9. Escuche atentamente lo que dice su estudiante óptimo interno. Trate de escuchar las palabras de hecho. No acelere el proceso ni lo interrumpa. Permita a su estudiante óptimo interno mucho tiempo para responder.

10. Cuando haya terminado, relájese, inhale profundamente y deje escapar el aire antes de terminar la sesión.

Capítulo 3

Descubra su estilo personal para aprender

¿Alguna vez ha conocido a alguien que tenga su estilo particular de hacer algo? Tal vez era alguien que hacía las cosas justo de manera contraria a como se "suponía" que lo debía hacer, pero en su caso le funcionaba. La mayoría hemos tenido un amigo o un familiar así.

Mi amigo José R. era así. Era dueño de una ferretería muy grande, en un pueblecito de California. La mayoría de sus empleados llevaban muchos años trabajando con él y habían recibido sus aumentos salariales en consecuencia. Por ello, conocían de memoria las existencias de la tienda y podían aconsejar a los clientes cuál era el tornillo, la abrazadera o la herramienta que se necesitaba para determinado trabajo.

Entonces, una de esas cadenas de tiendas de descuento se instaló en la zona. Usted conoce el tipo: dirigidas por maestros en administración titulados en la Universidad de Harvard y armados con el principio de los resultados. Ofrecen precios muy bajos porque contratan empleados adolescentes —sin idea de sus empleos, el inventario o la diferencia entre una tuerca redonda y una tuerca hexagonal— por un salario mínimo. Los presuntos clientes inundan estos lugares, donde suelen vagar durante horas en busca de alguien del escaso personal, atraídos por el ahorro y sacando a otros comerciantes del negocio que no pueden competir con los precios.

La mayoría de los comerciantes locales continúan haciendo lo mismo que siempre, con la esperanza de que la fidelidad de los clientes sea más fuerte que el todopoderoso dólar. Claro está, nunca es así y, con el tiempo, los negocios que llevan décadas de ser pilares —con interés por la comunidad, que han ayudado a las actividades y las obras de caridad locales, a veces durante varias generaciones— empiezan a derrumbarse. En última instancia, el dueño se rinde, coloca un letrero de "se renta o se vende" en su edificio, y los empleados, con muchos años de experiencia y conocimientos, se ven obligados a aceptar empleos con salario mínimo, en las cadenas de descuento.

Los pocos comerciantes que logran sobrevivir lo hacen copiando las tácticas de las cadenas de descuento: despidiendo a los empleados con experiencia, contratando a empleadillos que no saben nada y aumentando su volumen de operaciones con sucursales en otros puntos de la población, de tal manera que puedan pedir mercancías en volúmenes lo bastante grandes como para ofrecer precios que compitan con los de las cadenas de tiendas (en esencia, convirtiéndose en minicadenas).

José decidió adoptar un enfoque totalmente diferente. Reunió a todos sus empleados. Les habló de la situación que estaba enfrentando. No quería bajar sus salarios ni tampoco despedirlos. Por otra parte, era evidente que la tienda de descuento se iba a robar todos sus clientes y a dejarlos sin actividades, a no ser que hicieran algo.

José propuso a sus empleados lo siguiente: el sueldo base de todo el mundo estaría ligado a los ingresos de la tienda, antes de impuestos. En la medida que éstos permanecieran iguales, sus sueldos también lo harían. Si disminuían, sus sueldos disminuirían proporcionalmente, y al contrario si aumentaban.

Todo el mundo se esforzaría incluso más para complacer a los clientes y les haría sentir bienvenidos. Los encargados de las compras de la tienda redoblarían esfuerzos para encontrar existencias excedentes y saldos de calidad, con un ahorro que podrían trasladar a la clientela. El personal de ventas trataría de aumentar el volumen de ventas y así reducir los costos y el precio que cobrarían a los clientes.

Por otra parte, José contraatacaría la campaña publicitaria de la cadena, "los precios más bajos de la ciudad", con otra que incluiría rebajas de la semana, nada de esperar 15 minutos para obtener la atención de un vendedor y un personal conocedor y experimentado que ayudaría a los clientes a encontrar el artículo que quisieran —o el indicado— casi en seguida.

No le estaría relatando este caso si la estrategia de José no hubiera funcionado. Sus empleados respaldaron el plan. Las ventas estuvieron estables y, después, subieron. Conforme aumentaba el volumen, José iba reduciendo los precios aún más. En cuestión de 18 meses, la cadena de ferreterías de descuento arrojó la toalla y su elegante edificio nuevo, tipo almacén, fue vendido, a un precio bajísimo, a un negocio de extrusión de plásticos.

El enfoque de José ante la situación, sin duda, fue poco ortodoxo. Pero, cabe aclarar que José es una persona extraordinaria. Fue lo bastante listo como darse cuenta de que lo que había funcionado para otros a él no le serviría y recurrió a un estilo diferente para resolver el problema.

En realidad, todos somos personas extraordinarias. Además, todos tenemos nuestro estilo particular de hacer algunas cosas, una forma que nos funciona muy bien. Robert Smith, catedrático de psicología de la Universidad de Northwestern Illinois dice, en su libro *Learning How to Learn* que cuando tenemos problemas para absorber ideas nuevas suele ser porque recurrimos al estilo de aprendizaje que no es adecuado para nosotros. El profesor descubrió que algunas personas adquieren mejor los conocimientos estando en completo silencio; otras sólo pueden lograrlo con Beethoven (o los Beatles) a todo volumen. Las investigaciones del profesor Smith en Northwestern Illinois lo llevaron a la conclusión de que todos tenemos un estilo particular de adquirir conocimientos nuevos.

Según el doctor Smith, diferimos en la forma en que abordamos las actividades clave ligadas al aprendizaje. Somos diferentes en la forma de pensar y de resolver problemas. Hasta diferimos en la forma en que "procesamos la información" (para llegar a decisiones).

"Por cuanto al método", escribe el profesor Smith, "en ocasiones una persona dirá: 'No me gustan las discusiones' o 'Asistí a un curso y actuamos papeles, y me sentí incómodo'. En el caso de viajes de campo, tal vez oigamos: 'Me quedé atrás y no oía lo que decía el guía'."

Smith explica que muchos de nosotros funcionamos mejor cuando nos indican cómo proceder en cada punto del proceso de aprendizaje. Una cantidad igual de personas sólo prosperan si se les presenta algo menos estructurado y se les da más libertad de elección en cuestiones como qué estudiar y dónde empezar. La mayoría diferimos en la manera en la que factores como la competencia, la temperatura ambiente, el ruido de fondo y los problemas personales afectan el modo en que absorbemos la información.

En pocas palabras, todo el mundo tiene un estilo personal distintivo de adquirir conocimientos, una forma que le permite aprender las cosas a mayor velocidad y mejor. Esto no nos lo enseñaron en la escuela (para ser justos, entonces no lo sabían los maestros). Por lo tanto, la mayoría tratamos de aprender el sistema rígido y absurdo que fue diseñado por otros que no tomaron en cuenta las necesidades individuales ni otras formas igualmente válidas de adquirir conocimientos.

El resultado es inevitable. Tratar de absorber información nueva con un método que no se ciñe a sus necesidades y potenciales particulares es como tratar de nadar río arriba, contra una corriente muy fuerte: Es difícil, y hasta imposible las más de las veces. No es extraño que tantos salgamos de clases, seminarios, conferencias y demás sintiéndonos agotados, decepcionados y convencidos de que no servimos para aprender o de que, en el mejor de los casos, somos lentos para ello.

Pero cuando usted reconoce y aplica su estilo personal de aprender (EPA), adquirir conocimientos se asemeja a nadar río abajo: la velocidad de la corriente se suma a su velocidad para nadar, multiplicando la capacidad de sus músculos. Mediante el EPA, usted multiplica la capacidad del cerebro, por lo que adquirir conocimientos no requiere esfuerzo y resulta tarea casi instantánea.

Los tres primeros ejercicios que se presentan a continuación aumentan la capacidad cerebral porque ayudan a encontrar sus propias formas óptimas para absorber conocimientos. El cuarto enseña a aprovechar al máximo el conocimiento de su propio estilo óptimo, garantizándole que cada experiencia de aprendizaje se convierta en una experiencia óptima de aprendizaje de ahora en adelante.

Descubra su mejor método para aprender

La medida en que usted pueda aprender dependerá del extremo en el cual empiece. David Lewis y James Greene, investigadores de Mind Potential Study Group, de Londres, han descubierto que uno de los aspectos de nuestro EPA se refiere a cómo abordamos mejor la adquisición de información. Lewis y Green dicen que la mitad de nosotros aprendemos mejor cuando abordamos un tema nuevo "de arriba hacia abajo". La otra mitad lo hace mejor cuando lo analiza de "abajo hacia arriba".

Según Green y Lewis, las personas que aprenden de arriba hacia abajo:

☐ Parten de una perspectiva amplia.

☐ Buscan principios generales, ideas importantes, conceptos básicos y principios de organización.

☐ Relacionan con el tema todo lo que saben.

☐ Encuentran rápidamente paralelos y advierten relaciones.

❏ Prefieren situaciones poco estructuradas.

❏ Les gusta entrar directamente en materia.

❏ Funcionan mal si los datos o las enseñanzas se presentan en un sistema excesivamente inflexible.

Las personas que aprenden de abajo hacia arriba:

❏ Empiezan por los hechos.

❏ Aplican un enfoque metódico y sistemático.

❏ Dominan cada detalle antes de dar el siguiente paso.

❏ Tienen metas claramente definidas.

❏ Sólo se concentran en cuestiones directamente relacionadas con el tema en cuestión.

❏ Funcionan muy mal en situaciones poco estructuradas.

Las personas que aprenden de arriba hacia abajo captan los hechos con asombrosa velocidad cuando empiezan con su panorama general y después introducen los detalles. Lo mismo ocurre con las personas que aprenden de abajo hacia arriba, siempre y cuando puedan empezar por los detalles y construir el panorama general después.

Aun así, las cosas empiezan a marchar mal cuando se entrega un manual de computación a una persona que aprende de arriba hacia abajo y ésta empieza por los detalles, recorriéndolos de uno en uno. El aprendiz de arriba hacia abajo siente que lucha por encontrar trozos de datos fortuitos que encajen, sin tener una idea general del panorama que componen ni una idea de su suma total. Es un marco seguro para obtener un resultado negativo para el aprendizaje.

Por otra parte, pobre de la persona que aprende de abajo hacia arriba y recibe una gráfica del plan general de algo, diseñado por una mente que funciona igualmente de arriba hacia abajo. Para la persona de abajo hacia arriba, representa un cuadro vago y confuso de generalidades que no le permite concentrarse en el cimiento sólido de los detalles. Las personas que aprenden de abajo hacia arriba no podrán absorber mucho después.

En los dos casos, el enfoque para aprender es inadecuado para su estilo particular de aprender. El caso se parece al de la CA o CD, o a tratar de meter una clavija de tres espigas en un enchufe con dos orificios. No obstante, cuando la persona que aprende de arriba hacia abajo recibe la gráfica de la situación global, o la persona que aprende de abajo hacia arriba recibe el manual de computación detallado, paso por paso, es como si su capacidad para aprender hubiera quedado enchufada y activada mediante la corriente adecuada. Empiezan a activarse en el aprendizaje.

A estas alturas, usted probablemente ya tiene una idea bastante clara de si es una persona que aprende de arriba hacia abajo o una que lo hace de abajo hacia arriba. Aun así, haga el siguiente ejercicio de cualquier manera, lo sepa o no. Le ayudará a determinar cuál es, en caso de que no estuviera seguro. Es más, le ayudará a concentrarse en las situaciones en las que podrá aprovechar mejor su enfoque personal.

DUPLICADOR DE LA CAPACIDAD CEREBRAL #8

Lea los dos pares de enunciados que se presentan a continuación. Anote una cruz junto al enunciado que, en su opinión y en su caso personal, expresa la mejor manera para abordar las oportunidades de aprendizaje. Recuerde que las respuestas no se clasifican en acertadas o incorrectas. El propósito de las descripciones es ayudarle a entender con más claridad el método personal que es mejor para usted.

1. Cuando está aprendiendo
   a.   [ ] ¿le gusta reunir datos de varios campos al mismo tiempo?
   b.   [ ] ¿le gusta concentrarse en un campo a la vez?

2. Cuando está aprendiendo
   a.   [ ] ¿le gusta adquirir unos cuantos conocimientos de todos los aspectos del tema?
   b.   [ ] ¿le gusta ser experto en un solo aspecto?

3. Cuando está aprendiendo
   a.   [ ] ¿le gusta conocer todo tipo de detalles interesantes al respecto, estén o no relacionados con el tema en cuestión?
   b.   [ ] ¿le gusta "ajustarse sólo a los hechos"?

4. Cuando está aprendiendo
   a.   [ ] ¿recuerda mejor los principios generales?
   b.   [ ] ¿recuerda mejor los datos específicos?

DUPLICADOR DE LA CAPACIDAD CEREBRAL #8 (cont.)

5. Cuando está aprendiendo con un manual o libro
- **a.** [ ] ¿le gusta saltarse hojas y leer las secciones que más le interesan antes de leer el resto?
- **b.** [ ] ¿le gusta leer una sección a la vez, en secuencia, estudiando cada punto, hasta estar seguro de que lo ha asimilado totalmente, antes de dar el siguiente paso?

6. Cuando requiere que otra persona le proporcione información
- **a.** [ ] ¿le gusta preguntar respecto a las cuestiones generales que le proporcionan un panorama global?
- **b.** [ ] ¿le gusta hacer preguntas muy concretas que le permitan entender detalladamente puntos específicos?

7. Cuando busca algo en una librería o biblioteca
- **a.** [ ] ¿vaga de sección en sección, deteniéndose por el camino a coger cualquier libro que le resulta interesante?
- **b.** [ ] ¿se dirige directamente a la sección dedicada al tema que anda investigando, elige libros de ahí mismo y se marcha?

8. Cuando está aprendiendo
- **a.** [ ] ¿le gusta trabajar exclusivamente con lineamientos generales?
- **b.** [ ] ¿le gusta contar con instrucciones detalladas?

Si cruzó cinco "aes" o más, usted aprende mejor de arriba hacia abajo. Si cruzó cinco "bes" o más, usted aprende mejor de abajo hacia arriba.

Descubra sus mejores sentidos para aprender

¿Le resultan conocidas estas situaciones? Francisco, del almacén, es mejor para expresar las cosas con palabras que la mayoría de las personas. Alicia, de contabilidad, siempre se fija en cómo se ven las cosas. Teresa, del departamento de computación, trabaja bien con otros y en seguida capta sus sentimientos. Miranda, de ventas por televisión, es muy lógica y puede señalar las fallas de cualquier idea. Ernesto, repartidor de la tienda de comestibles, siempre anda canturreando o escuchando música. Blanca, que trabaja del otro lado del pasillo, es muy segura de sí misma y siempre sabe lo qué está haciendo, qué opina y por qué. A Edmundo, de mercadotecnia, le encanta esquiar, levantar pesas, jugar voleibol y se mueve con la gracia de un bailarín de ballet.

Todos conocemos a personas que se relacionan mejor con las palabras, con lo que ven, con lo que escuchan, con el cuerpo, con la lógica y la razón o con otras personas; y quienes captan el mundo mejor por medio de un sentido concreto: el oído, la vista, la piel o alguno de los otros. Aun así, con frecuencia, no relacionamos ese conocimiento con nuestra persona.

No obstante, estudios realizados por Howard Gardner, psicólogo de la Universidad de Harvard, señalan que el sentido correcto produce un aumento notable en la capacidad para aprender. Quien tiene mejor sentido del oído aprovecha mucho más una conferencia que una persona con mejor sentido de la vista. El individuo con buen sentido para las relaciones interpersonales aprende mucho más de un ejercicio de actuación de papeles que aquel que tiene una mente lógica como mejor sentido de aprendizaje. Asimismo, aquel con mejor sentido cinético aprenderá más rápidamente con actividades manuales que alguien que se apoya en las facultades orales.

Las investigaciones del profesor Gardner le llevaron a la conclusión de que hay siete sentidos de aprendizaje; a saber:

- ❒ Oral.

- ❒ Lógico.

- ❒ Visual.

- ❒ Musical.

- ❒ Cinético (movimiento del cuerpo).

- ❒ Intrapersonal (conocerse a uno mismo).

- ❒ Interpersonal (conocer a otros).

¿Alguna vez ha pensado cuál o cuáles son sus mejores sentidos? ¿El verbal, el lógico, el musical, el cinético, el intrapersonal o el interpersonal? ¿Tal vez una combinación de algunos?

Ahora, aplíquelos a adquirir un conocimiento o a dominar datos. Es probable que recuerde que usted aprendió más rápido y lo retuvo más tiempo cuando la naturaleza de la experiencia se adaptó a sus mejores sentidos de aprendizaje. Y seguramente rindió menos en circunstancias donde éstos encajaban muy poco.

La próxima vez que enfrente una oportunidad de aprender, no corra riesgos. Descubra la manera de adquirir información que le permita aprovechar sus mejores sentidos para aprender. La siguiente lista, adaptada de Ronald Gross, le ayudará a identificar los sentidos que le permiten reunir información con más eficiencia, así como identificar la manera de usarlos con más frecuencia en el futuro.

DUPLICADOR DE LA CAPACIDAD CEREBRAL #9

No es difícil averiguar cuáles son sus mejores sentidos para aprender. Simplemente anote una cruz junto a las descripciones que, en su opinión, decididamente se aplican a usted.

A. [ ] ¿Encuentra que le resulta fácil recordar giros vívidos de palabra o citas memorables, así como emplearlos en sus propias conversaciones?

B. [ ] ¿Detecta immediatamente cuando alguien está alterado o atribulado?

C. [ ] ¿Le fascinan las cuestiones científicas y filosóficas; por ejemplo: "¿Cuál es el origen del universo?"?

D. [ ] ¿Aprende a transitar rápidamente cuando llega a lugares o barrios nuevos?

E. [ ] ¿La gente considera que sus movimientos son gráciles y usted rara vez siente que sus movimientos son torpes?

F. [ ] ¿Es afinado para cantar?

G. [ ] ¿Le gusta leer artículos y libros de ciencia y tecnología?

H. [ ] ¿Advierte faltas de ortografía y de sintaxis cuando otras personas las cometen?

I. [ ] ¿Puede, normalmente, descifrar cómo funciona algo o cómo arreglar algo descompuesto, sin solicitar ayuda?

J. [ ] ¿Le resulta fácil colocarse en el lugar de otro y entender por qué actúa como actúa (aun cuando evite hacer comentarios al respecto)?

K. [ ] ¿Recuerda con detalle los lugares que visitó y las rutas que recorrió cuando visitó otras poblaciones?

L. [ ] ¿Le gusta escuchar música y tiene cantantes y músicos preferidos?

M. [ ] ¿Le gusta expresarse por medio de dibujos, bocetos o cuadros?

N. [ ] ¿Le gusta dedicar tiempo a bailar?

DUPLICADOR DE LA CAPACIDAD CEREBRAL #9 (cont.)

O. [ ] ¿Suele organizar las cosas, en casa y en la oficina, siguiendo patrones o categorías?

P. [ ] ¿Considera que es fácil interpretar lo que hacen otros, en términos de lo que sienten?

Q. [ ] ¿Le gusta entretener a otros con anécdotas divertidas o dramáticas?

R. [ ] ¿En ocasiones, puede aliviar el aburrimiento escuchando los diversos tipos de sonidos del entorno?

S. [ ] ¿Encuentra similitudes o relaciones entre las personas que acaba de conocer y las personas que conoce de antes?

T. [ ] ¿Tiene bien claro qué puede lograr y qué no?

Si anotó una X en las tres preguntas de uno de los siguientes conjuntos, califique ese sentido como uno de sus sentidos más desarrollados de aprendizaje.

❒ El trío, A, H, Q significa que tiene claros sentidos lingüísticos.

❒ El trío, F, L, R significa que tiene claros sentidos musicales.

❒ El trío, C, G, O significa que tiene claros sentidos matemáticos y lógicos.

❒ El trío, D, K, M significa que tiene claros sentidos para el espacio.

❒ El trío, E, I, N significa que tiene claros sentidos cinéticos.

❒ El trío, J, P, T, que tiene claros sentidos intrapersonales.

❒ El trío, B, J, S significa que usted tiene claros sentidos interpersonales.

Descubra sus mejores recursos para aprender

Lo que para uno es dulzura para otro es amargura se aplica a los estilos de aprendizaje. La salsa del aprendizaje para un platillo no necesariamente es la buena para el aprendizaje de otro.

Su jefe tal vez piense que le hace un favor enviándole a casa con una videocinta sobre el funcionamiento de un nuevo sistema para producir acero. No obstante, usted quizá sea del tipo que odia la televisión, rara vez va al cine y prefiere quedarse en casa, acurrucado, leyendo un buen libro o una revista. En tal caso, tal vez se encuentre recorriendo el video, deseando contar con un manual de instrucciones impreso, de tal manera que pudiera detenerse a volver a leer ciertas oraciones y secciones y avanzar rápidamente, a su propio ritmo, por los párrafos que le parecen redundantes.

En su opinión, ¿qué tan más rápidamente habría aprendido de haber podido leer la misma cosa en forma impresa? ¿Cuánto más cree que habría recordado al día siguiente? ¿menos le habría cansado y cuánto más fácil le habría parecido? ¿Cuánto se habría multiplicado su capacidad personal para aprender?

En la actualidad, los recursos para aprender se han multiplicado tanto que casi podrían representar un peligro: Internet, videocintas, CD-ROMs, libros, revistas, folletos, cuadernos de trabajo, manuales, conferenciantes, seminarios, talleres prácticos, cursos, clases, demostraciones y mucho más. Tal vez piense que hay tantos que es imposible seguirles la pista. No obstante, tras la aparente complejidad, el conocimiento sólo se puede transmitir de cinco maneras:

❏ La palabra impresa – informes, memorandos, correo electrónico, periódicos, libros, revistas, etcétera.

❏ La experiencia personal – talleres, juntas, comités, simulaciones, conferencias, etcétera.

❏ Los medios informativos – televisión, Internet, videocintas, audiocintas, CD-ROM, películas, transparencias, etcétera.

❏ Explorar el mundo circundante – documentar y abordar el tema de primera mano, registrarlo, tomar notas sobre lo que uno ve y escucha, etcétera.

❏ Otras personas – conversaciones, clases, seminarios, conferencias, etcétera.

Saber cuáles encajan mejor con su estilo de aprender puede significar la diferencia entre un resultado positivo en el aprendizaje o uno negativo. Si se equivoca en la aplicación de recursos para su EPA, no sólo perderá el tiempo en forma frustrante, sino que también adquirirá otra experiencia de aprendizaje que lo derrota y que aumentará su sensación de que no tiene facultades para aprender. Elija lo correcto y transformará la adquisición de información en una oportunidad agradable y de ritmo veloz, que le producirá una sensación de confianza respecto a su capacidad de aprender mayor que nunca antes.

Duplicador de la capacidad cerebral #10

Imagine que está considerando la posibilidad de hacerse enfermera y que quiere aprender más al respecto. Sírvase de la siguiente lista para identificarse con los recursos de aprendizaje que le funcionen mejor. Anote una cruz junto a los enunciados que, en su opinión, se aplican claramente a su persona.

Si se me da a escoger, creo que aprendo mejor al

A. [ ] leer al respecto.

B. [ ] actuar papeles según una experiencia típica, guiada por una enfermera.

C. [ ] escuchar una conferencia.

D. [ ] alquilar una videocinta sobre el tema.

E. [ ] hablar con enfermeras con experiencia práctica.

F. [ ] visitar una escuela de enfermería, filmar a una enfermera trabajando en la casa de un paciente, etcétera.

G. [ ] sacar un anuncio en Internet pidiendo a enfermeras particulares que envíen por correo electrónico relatos de sus experiencias, a efecto de leerlos y estudiarlos.

H. [ ] comprar un audiolibro de una enfermera particular que relate sus experiencias, y escucharla en el auto en camino al trabajo o a casa.

I. [ ] trabajar como voluntaria, sin sueldo, con enfermeras particulares, durante varios meses.

J. [ ] escribir un informe o ponencia sobre cualesquiera de las experiencias anteriores.

Si uno de los siguientes dúos se aplica a usted, usted seguramente servirá en esa inteligencia, aun cuando no la haya cultivado.

❐ Si anotó una X en A y G, uno de sus mejores recursos para aprender es la palabra impresa.

❐ Si anotó una X en B e I, uno de sus mejores recursos para aprender es la experiencia personal.

❐ Si anotó una X en D y H, uno de sus mejores recursos para aprender son los medios.

❐ Si anotó una X en F y J, uno de sus mejores recursos para aprender es explorar el mundo que le rodea.

DUPLICADOR DE LA CAPACIDAD CEREBRAL #10 (cont.)

❏ Si anotó una X en C y E, uno de sus mejores recursos para aprender son las demás personas.

Optimice su estilo personal para aprender

Identificar su EPA y la forma de aprovecharlo mejor puede transformar sus experiencias al aprender. Digamos que usted ha descubierto que es una persona que aprende de abajo hacia arriba, que asimila mejor la información en forma visual y que disfruta con las situaciones intrapersonales. Su jefe, de repente, le pide que se prepare respecto a estadísticas referentes a los accidentes relacionados con la oficina, para una junta a mediados de semana.

Antes, usted se habría sentido asustadísimo y habría tenido problemas para encontrar los datos, dificultad para absorberlos y problemas para presentarlos en la junta. Ahora que conoce su EPA, puede hacer un plan para reunir las estadísticas, basándolo completamente en sus puntos fuertes para aprender.

Como usted aprende de abajo hacia arriba, se concentrará en encontrar las condiciones específicas relacionadas con los accidentes en la oficina. No le interesarán otros datos y cifras, ni cómo se obtuvieron ni la historia de los accidentes o las estadísticas, pues sólo serían una distracción. Usted requiere un libro de texto o una investigación organizada en una biblioteca o en World Wide Web; o si contara con más tiempo, tal vez asistiría a una clase o una conferencia, a una situación estructurada de aprendizaje. El hecho de que sus mejores recursos para aprender sean los visuales podría llevarle a una conferencia en forma de videocinta o a recorrer sitios Web. Además, como usted aprende bien con y de otros, sabe que un curso o una conferencia, en vivo o en cinta, o que hablar con alguien, vía Internet, sería ideal.

En lugar de sentirse intimidado, ahora puede arrancar confiadamente a partir de un plan que aprovecha al máximo su potencial para aprender. Encontrará, absorberá y recordará con mayor rapidez las cifras más actualizadas sobre accidentes relacionados con su oficina, a tiempo para su junta. Su presentación será más clara y más efectiva.

Sean cuales fueren sus mejores estilos para aprender o lo que usted debe aprender, los pasos del siguiente ejercicio le ayudarán a aumentar su potencial para aprender, generando formas concretas para aplicar su EPA en cualquier situación.

Duplicador de la capacidad cerebral #11

Llene los espacios en blanco del siguiente cuestionario. Conviértalo en su guía para aprovechar al máximo cualquier oportunidad para aprender.

1. Soy un _____ estudiante.

2. Cuando deba empezar a aprender sobre este tema concreto, la mejor manera de empezar, en mi caso, sería _____.

3. Mis dos mejores sentidos para aprender son _____ y _____. Cuando esté aprendiendo esto, las opciones más efectivas para que yo use estos sentidos serán _____.

4. Yo aprendo mejor con estos recursos: _____. Los recursos disponibles que encajan para que yo aprenda sobre esto son _____.

Capítulo 4

Domine las tres etapas del aprendizaje

¿Le resulta conocida esta situación? Estudió muchísimo para una evaluación o un examen. Se levantó al alba varias mañanas seguidas. Estuvo entregado al material todo el día. Cayó agotado en la cama por la noche. Estaba seguro de que se lo había grabado tan profundamente en el cerebro que no ovidaría nada.

Llegado el día del examen, usted se sentó y, pluma en mano, descubrió horrorizado que, a pesar de todos sus esfuerzos, no recordaba ni un detalle. No podía contestar la cantidad de preguntas necesaria para aprobar el examen o, en el mejor de los casos, pasaría de "panzazo".

¿Qué salió mal? Tal vez haya estudiado muchísimo, pero seguramente no aplicó correctamente el proceso entero para el aprendizaje.

Adquirir los conocimientos necesarios para obtener una licencia para vender bienes raíces, por ejemplo, no es sólo cuestión de recorrer manuales. Los investigadores del aprendizaje nos dicen que se trata de un proceso entero. Prepararse en un tema sólo significa aprovechar una porción mínima del proceso de aprendizaje.

Según los científicos, el proceso se presenta en tres fases:

❏ El lapso antes del aprendizaje.

❏ El lapso (o los lapsos) durante el aprendizaje.

❏ El lapso después del aprendizaje.

Aun cuando no se haya dado cuenta, el proceso del aprendizaje se inicia en el momento que adquiere conciencia de que debe aprender algo nuevo, como un programa de software o cuánto cuestan las sillas para oficina en cinco tiendas diferentes. El proceso no termina sino hasta que se tiene todo tan trillado que jamás se olvidará o cuando ya no sea necesario el uso de esa información.

De ese tiempo, tal vez sólo dedique una cantidad mínima a lo que usted probablemente conciba como "aprender": leer, estudiar, escuchar la voz de expertos. No obstante, el tiempo que transcurre antes y después de adquirir conocimientos, aun gran parte del tiempo durante el mismo, ofrece oportunidades desaprovechadas para multiplicar su capacidad para aprender.

Antes de que llegue el programa nuevo de software, usted podría preguntarse, con base en lo que ya sabe respecto a software, qué podría entrañar adquirir esa información. Si no sabe nada de software, podría preguntarle a unos cuantos amigos informados que le proporcionen algunos indicios. Mientras lo aprende, podría anticipar cómo operarían ciertas funciones antes de buscarlas o de pedir ayuda. Después, podría aprovechar la emoción de aprender una tarea desafiante para seguir pensando en los detalles, hasta que los sepa de memoria.

Antes de aprender — preparación, planeación y acción

La preparación representa 90 por ciento de cualquier cosa. Se ha dicho que la genialidad representa 90 por ciento de sudor y 10 por ciento de inspiración. La ley del 90 por ciento también se aplica al aprendizaje.

Cuando dos empresas convienen una fusión, tal vez sólo se requieran unos cuantos minutos para elaborar y firmar una carta de compromiso. No obstante, arduos meses —tal vez años— de pensar, estudiar y negociar condujeron a ese momento. Una empresa investigó los activos de la otra, su productividad, el valor contable, las cuentas por pagar, la carga de trabajo de los empleados, el mercado futuro y mil detalles más antes de decidir si era conveniente consumar la fusión y en qué condiciones.

Cuando los hermanos Wright volaron en Kitty Hawk, el vuelo fue el resultado de una preparación ardua y tardada. Se puede decir lo mismo de Madame Curie cuando descubrió las propiedades del radio. Cuando Dawn Steel se convirtió en la primera mujer en dirigir un estudio cinematográfico importante, tenía detrás muchos años de trabajo y grandes planes. Cuando Windows 95 pasó a ser el primer software que debutara con todas las fanfarrias y las ventas reservados para discos con música de moda, también fue resultado de una cuidadosa preparación.

La preparación sólida puede producir dividendos de 10 a 1 en la vida real. Apenas un poco de preparación puede duplicar su capacidad para leer y ayudarle a aprovechar el doble de cada segundo que usted dedique a aprender algo.

Los estudios sobre el aprendizaje óptimo han descubierto que quienes aprenden bien —estén conscientes de ello o no— preparan el camino para su éxito siguiendo tres pasos esenciales. Aprovechan al máximo su tiempo de aprendizaje, pues

❏ Repasan lo que ya saben del tema.

❏ Tienen en la mira aquellos campos de aprendizaje que suponen que serán los más importantes.

❏ Toman con antelación las medidas necesarias, para asegurarse de que aprenderán lo que se proponen aprender.

DUPLICADOR DE LA CAPACIDAD CEREBRAL #12

La próxima vez —y todas las veces— que tenga que aprender algo, prepárese de antemano. Inténtelo una vez y cambiará su existencia.

1. Repase todo aquello que le pueda resultar de ayuda para aprovechar al máximo el tiempo que piensa dedicarle al aprendizaje. Esto incluye todo lo que sepa del tema. También incluye todo lo que sepa de otros campos, aunque parezca remoto, que podría serle útil. (La información que adquirió cuando trabajó en la tienda de comestibles de la localidad podría ser relevante para la mercadotecnia. La experiencia en sistemas lógicos, por ejemplo la contabilidad, podría arrojarle luz cuando aprenda un programa.)

2. Con base en lo que le han mandado —o en lo que usted quiere saber— haga una lista de los 10 o 20 campos que usted considera que seguramente serán abarcados. Podría hacerlo en forma de preguntas. Formule sus preguntas de manera tan concreta como sea posible. (¿Es compatible este software con todos los demás programas que ya estoy manejando? ¿Cuáles son las diferencias básicas en el uso cotidiano? ¿Cuáles son las ventajas? ¿Dónde hay más probabilidades de tener problemas? ¿A quién le pido ayuda?)

DUPLICADOR DE LA CAPACIDAD CEREBRAL #12 (cont.)

3. Pregúntese si hay algo que puede hacer de antemano para sacar más provecho de la experiencia. (¿Puede leer un libro sobre el programa diseñado para hacerlo tan fácil que incluso un niño lo entendería?) También puede ponerse en contacto con alguien que tenga el mismo programa, o uno similar, para que le permita practicar en él.

Al aprender, "proposiciones" y "proposiciones revisadas"

La clave para la adquisición instantánea de conocimientos es la participación mental y emocional de corazón durante el tiempo que uno invierta en aprender. Cuando los jugadores de golf quieren aprender un golpe nuevo, lo aprenden de inmediato. Cuando los *chefs* desean aprender una técnica nueva para cocinar, la aprenden al instante.

Dominan los conocimientos nuevos tan rápidamente porque les encanta aprender más de sus aficiones. Todos conocemos a personas que les encanta lo que hacen. Están tan comprometidas que, con afán, tratan de aprender más cada día. ¿Cómo no aprender con una actitud así?

Usted tal vez piense: "¡Bah! Es fácil decir esto. Son campos emocionantes. Yo tengo que leer 50 páginas de estadísticas escuetas sobre una compañía y dudo que jamás hagamos negocios con ella y podamos reportárselo con claridad al vicepresidente mañana. Trate de emocionarse con eso."

De acuerdo. No todo lo que se debe aprender suele ser tan atractivo como la cocina francesa o la superación de su rendimiento deportivo. A primera vista, un montón de cosas parecen áridas y aburridas en comparación. Hasta se pensaría que jamás pueden llegar a ser interesantes.

No obstante, David Perkins, catedrático de Harvard, ha encontrado la manera de convertir la escoria en oro. Se llaman "proposiciones" y "proposiciones revisadas". Estos supercargadores de la mente son asombrosos porque pueden transportarle del aburrimiento a la plena acción, sin importar cuán árido y poco interesante parezca el material que se aprenderá.

Las proposiciones son ideas e interrogantes sobre el por qué usted está estudiándose y el qué espera encontrar, las cuales se van elaborando al instante, conforme usted va aprendiendo. No importa si usted está leyendo, escuchando una conferencia o mirando un video. Si desea comprometerse y permanecer comprometido, hágase preguntas y trate de encontrar ideas propias respecto al tema, desde el mismísimo momento en que se sienta para aprender algo, pasando por toda la experiencia, hasta que ésta termine.

Al principio, este consejo le puede parecer contrario a su idea de cómo funciona la adquisición de conocimientos. Tal vez piense que como la otra persona es experta, usted tiene que absorber todo lo que ella diga. Resulta lógico que usted suponga que pensar intensamente hacia su interior todo el tiempo interferirá con la absorción de información.

Según el profesor Perkins, ocurre justo lo contrario. Al plantear suposiciones inteligentes en forma de proposiciones y revisarlas a la luz de lo que se aprende compromete al intelecto y las emociones. Se piensa a mayor velocidad de la que se lee o de la que se habla. Esa razón explica por qué su mente se inquieta y divaga, que es lo que, en realidad, interfiere con el aprendizaje.

Las proposiciones impiden que la atención se disperse. Nos sentimos emocionados cuando nuestras proyecciones quedan validadas por aquello que escuchamos o leemos. Nos sorprendemos menos cuando resulta que estábamos equivocados. Sea como fuere, la respuesta correcta sobresale y se nos pega a la mente.

DUPLICADOR DE LA CAPACIDAD CEREBRAL #13

En la parte restante de este capítulo y en todas las demás situaciones de aprendizaje futuras, aplique las proposiciones y las proposiciones revisadas a efecto de asegurar que se concentrará más y que obtendrá más al final de cuentas. Necesitará una libreta y una pluma (una pantalla de computadora también sirve, si la situación lo permite).

I. Tan pronto como haya absorbido una o dos afirmaciones, empiece a anotar hacia dónde supone usted que se dirigirán las cosas a continuación. Siga haciéndolo a ciertos intervalos, todo el tiempo. (Ejemplo: "Una breve revisión del organigrama viejo, después seguramente asignaciones nuevas de puestos". o, "probablemente comparar la situación de los

---

DUPLICADOR DE LA CAPACIDAD CEREBRAL #13 (cont.)

profesores normalistas, con el ejemplo que se presentó de la mujer que otorgó una franquicia de su compañía de bienes raíces justo cuando el mercado pasó a quedar tremendamente sobrevaluado".)

2. Cada vez que se presente un tema nuevo, trate de adivinar cómo terminará. Anote cuál será, en su opinión, el punto que se destacará o cuál es la conclusión a la que se llegará. (Ejemplo: "Noticias de que las inscripciones a las escuelas pedagógicas vienen disminuyendo y que la disminución de inscripciones afecta el mercado de trabajo, lo que podría implicar menos competencia y mejores sueldos en el futuro".)

3. Cada vez que acierte, anótese una enorme "palomita" (✓).

4. Cuando su supuesto esté equivocado, revise lo que anotó y piense en cómo andan en realidad las cosas. (Ejemplo: "¡No! Dice que pasarán tres años para que esas generaciones se gradúen y que la reducción de inscripciones afecte el mercado de trabajo; mientras tanto, el exceso de oferta significará más profesores que empleos y menos poder de negociación con las juntas escolares".)

Después de aprender — cómo ligarse al conocimiento

La mayoría "abandonamos" la experiencia de aprendizaje en el instante que termina. Guardamos el artículo sobre la práctica de la enfermería o salimos de la presentación sobre superación personal y, para nosotros, ahí termina la experiencia del aprendizaje. Muchas veces, tenemos tantas cosas más en la cabeza que casi no volvemos a pensar en lo que hemos escuchado o leído.

No obstante, las investigaciones arrojan que el plazo que transcurre entre unas cuantas horas y unos cuantos días después de la experiencia de aprendizaje, a semejanza del plazo que la antecede, puede ser más decisivo para determinar lo que se aprovecha de ella que todo lo que pueda hacer durante la misma.

¿Fue un adolescente enamorado? ¿Se pasaba horas pensando en el rostro y el cuerpo de su ser amado después de estar con él? ¿Era capaz de describir cada detalle sin detenerse a pensar?

Es muy probable que sí. Además, es muy probable que el tiempo que pasaba visualizando después sea la razón por la cual era capaz de recordar tan bien cómo era su ser amado. Esto también es cierto en el caso de momentos importantes, como un premio por méritos especiales, el día que inaugura su negocio propio o que realiza una venta grande. Seguramente pensó en ellos muchos días después y era capaz de recordar quién estaba parado dónde y qué luz estaba entrando por la ventana.

Emociónese tanto después de haber revisado las estadísticas anuales de los seguros o escuchado una conferencia sobre los patrones globales del clima o los pronósticos económicos a largo plazo y activará así una cantidad incalculable de capacidad mental para su beneficio propio. Tal vez resulte una orden difícil, pero no lo es.

Aproveche una técnica psicológica bien establecida para cargarse las pilas después de absorber datos y cifras complicados, así como datos que parecen ser sumamente aburridos y poco relevantes. Se llama "anexión". Le tendrá tan agradablemente preocupado después de aprender la agenda de impresiones del mes entrante como algo que lo ayudaría a obtener un aumento o el lugar de las listas de popularidad que ocupa el disco nuevo de su cantante preferido.

La anexión se basa en el principio de que dedicamos la mayor parte del tiempo a pensar en cosas que nos despiertan emociones profundas. Todo aquello que parezca tonto, emocionante, chistoso, amenazante o excepcionalmente positivo se nos presenta en la mente una y otra vez. La anexión es una estrategia, de siete partes, para despertar sus emociones respecto a lo que ha aprendido, sin importar lo trivial o lo tedioso que sea el contenido.

- Elimine de la mente los sentimientos negativos respecto a lo que ha aprendido.

- Busque la manera —no importa lo rara o exótica— que le permitirá beneficiarse enormemente de lo que ha aprendido.

- Identifique lo más interesante que haya aprendido.

- Recuerde algo gracioso.

- Recuerde algo que le pareciera tonto.

- Piense en algo que lo enojara.

- Recuerde algo que lo hiciera sentirse amenazado.

Duplicador de la capacidad cerebral #14

Ésta es una parte esencial de todo su aprendizaje. Usted no aprovechará el potencial completo de la mente si pasa por alto esto.

1. Elimine de su mente cualquier sentimiento negativo respecto a lo que ha aprendido. ("Las cifras de los seguros son aburridas", "Los patrones climatológicos no tienen repercusiones, a largo plazo, en el negocio de la decoración de interiores".)

2. Pregúntese si hay manera —no importa cuán remota o descabellada— de que la información le pueda representar un gran provecho. ("Tendré estas cifras tan dominadas para la junta del jueves que mis capacidades serán reconocidas y seré ascendido a gerente regional". "Esta cuestión del efecto de invernadero resulta cierta. Como todo el mundo pasará más tiempo bajo techo, se concederá mayor importancia a la decoración de interiores".)

3. Pregúntese cuál fue el punto más interesante —aunque le haya parecido sumamente aburrido— y por qué fue interesante. ("La parte de que las reclamaciones por maletas perdidas en los aeropuertos bajaron de 1 en 1,256.5 piezas a 1 en cada 1,788.3 piezas. Es una mejoría. Perdieron una de mis maletas todo un mes. Es imposible perder de vista que, en el fondo, estas estadísticas se refieren a la vida de las personas".)

4. Pregúntese si algo le pareció gracioso. ("Cuando vi la cara que hacía Sui Wong, del departamento de contabilidad, cuando el conferencista machacaba sobre la parte relacionada con las reclamaciones anuales por daños a muebles de oficina habían subido 3.5 por ciento". O "Cuando el conferencista se hizo bolas y habló del clima abajo del ecuador en lugares como Egipto, Irán y México, que están todos al norte".)

5. Pregúntese si algo le pareció especialmente estúpido o tonto. ("Nadie podrá jamás pronosticar con precisión y por adelantado el clima de varias semanas o incluso meses. Ocurren demasiados movimientos en el cielo. Los frentes se atascan. Las nubes contienen más humedad de la esperada. La corriente del Golfo repentinamente se dirige hacia arriba y no hacia abajo. Ni siquiera pueden pronosticar cuestiones así de grandes con dos días de antelación".)

6. Pregúntese si algo le enojó o lo molestó mucho. ("Nadie necesita saber si las reclamaciones brutas subieron 18.63 por ciento. Lo importante es el porcentaje de reclamaciones que pagamos".)

7. Pregúntese si algo de lo que se dijo le hizo sentirse amenazado. ("Quienes estén clavados en los tableros electrónicos podrían haber hecho un esfuerzo inútil, considerando la superioridad del Internet".)

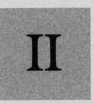

II

CÓMO MULTIPLICAR LA

Capacidad de la memoria

Capítulo 5

Memorización al instante

Fijar un recuerdo es un instante: una milésima de segundo. Cuando Benjamin Libet y Bertram Feinstein, neurólogos del hospital Mount Zion, en San Francisco, conectaron aparatos de encefalografía a un grupo de personas, descubrieron que ese tiempo es lo que la mente tarda en registrar lo que percibe. Una milésima de segundo es lo que las percepciones de la vista, el sonido y el olfato, así como las emociones y los pensamientos —los elementos que constituyen un recuerdo—, tardan en viajar por una terminal nerviosa hasta el cerebro.

Un segundo es muy poco tiempo, aproximadamente lo que se tarda uno en decir milésima de segundo. Es difícil tratar de imaginarlo dividido en mitades o incluso décimas. Una milésima de segundo resulta inconcebible, un lapso tan pequeño que la mente no puede abarcarlo: en otras palabras, un instante.

Captar en la mente las palabras que alguien pronuncia o los hechos que se leen ocurre tan rápido que sucede antes de que se tenga conciencia de ellos. Libet y Feinstein descubrieron que las percepciones pueden llegar al cerebro en una milésima de segundo, pero que se requieren 999 milésimas de segundo más para que lo escuchado o leído sea trasladado a la mente consciente. En otras palabras, casi un segundo entero.

Fijar un recuerdo tal vez sea instantáneo, pero esta celeridad no hace que la memoria sea efímera o débil. Cuando se presenta, dura para siempre. Wilder Penfield, investigador del cerebro, simuló en experimentos de laboratorio los bancos de memoria del cerebro y las personas recordaron acontecimientos —con todos sus detalles— de un pasado que pensaban que habían olvidado. En *Mysteries of the Mind*, Penfield llega a la conclusión de que todo lo que se ha sentido, presentido, hecho o experimentado alguna vez, sigue registrado en alguna parte del cerebro.

Las investigaciones también han demostrado que perdemos, trágica e innecesariamente, el acceso a la mayor parte de nuestros recuerdos en un tiempo muy breve. Aunque parezca increíble, 50 por ciento de todo lo que vemos y escuchamos desaparece en cuestión de cinco minutos. Dos terceras partes quedan en el olvido antes de una hora. Para el día siguiente, la cifra es del 90 por ciento.

Eso no tiene por qué ser así. Sus recuerdos siguen allí, almacenados en los bancos inconscientes de su memoria. Es cuestión de entrar en ellos correctamente, justo igual que si se tratara de abrir los archivos de una computadora.

Usted puede aprender a recuperar recuerdos y a retener información clave en un instante, de tal manera que pueda tener un acceso más fácil a ella en el futuro. Está a punto de descubrir que recordar es una facultad que se puede aprender, al igual que las matemáticas y las técnicas de relajación. Antes de que haya terminado los cuatro capítulos siguientes, usted habrá generado la capacidad para recordar más de 90 por ciento de todo lo que quiera retener y de recordarlo a voluntad. Aun si usted sólo aplicara las cuatro técnicas siguientes, encontrará que ha duplicado, con creces, la capacidad de su memoria.

Las estrategias de este capítulo refuerzan su capacidad para recordar porque activan los circuitos mentales que intervienen en la memoria. Quizá no lo sepa, pero los neurólogos han descubierto que el ejercicio mental hace que su cerebro se agrande, de la misma manera que el ejercicio hace que los músculos se abulten. Cuando se entablilla un dedo y lo deja inmovilizado mucho tiempo, el campo del cerebro que lo controla se encoge. Por lo contrario, cuando un dedo se mueve de una manera diferente o se somete a mucho ejercicio, aumenta la parte del cerebro que lo controla.

Cinco pasos para llegar a la memoria instantánea

Es bien sabido que muchas personas pueden fijar su reloj mental de tal manera que se despiertan exactamente en el momento deseado a la mañana siguiente. La ciencia ha descubierto el secreto: es una facultad que cualquiera puede aprender.

Aplique el mismo método para fijar instantáneamente en la memoria hasta los datos más complejos. En esencia, lo que se hace es etiquetar la información con una "carga mental". Esta carga eleva la información por encima de otros datos y asegura que su mente consciente pueda localizarla con facilidad y rapidez siempre que necesite recordarla.

La "memoria instantánea" sirve cuando usted se encuentra, sin previo aviso, ante información importante que tendrá que recordar más adelante. Es asombrosamente fácil de usar. Sólo tenga en mente estas cinco palabras:

❑ Tener fe.

❑ Proponerse.

❑ Visualizar.

❑ Mandar.

❑ Revisar.

DUPLICADOR DE LA CAPACIDAD CEREBRAL #15

Si se le llegara a presentar información crítica, de forma inesperada y extemporánea, cuando no tiene cerca una libreta o algún otro medio para registrarla, no se asuste. Siga estos cinco infalibles pasos:

1. Tenga fe en que recordará el material (esto activará el cerebro para que recuerde).

2. Propóngase recordar el material (dedicar una fuerza de voluntad auténtica a un esfuerzo duplicará sus posibilidades de éxito).

3. Visualice o repita el material cuando lo tenga claro en la mente.

4. Dígase conscientemente que tiene que recordar el material.

5. Repase lo que recuerde del material al día siguiente.

Recuerde mediante la repetición instantánea

¿Cuántas veces se ha enojado por no recordar detalles vitales de una conferencia trascendental o un documento importante, y no pudo tomar notas? No se torture. No tiene por qué volverle a pasar nunca más.

Usted puede recuperar la información —todos los detalles sobre-salientes— recurriendo al "repaso mental". El repaso mental es un ejercicio sencillo que le ayudará a recordar información respecto a hechos del pasado —datos, nombres, minucias, sus propias ideas—, transcurridos unos cuantos días, con todo detalle y a "todo color". También puede aumentar inmensamente la cantidad que usted retiene y entiende de cualquier información o experiencias importantes.

Así funciona el repaso mental:

❑ Describa con detalle la situación en la que encontró la información.

❑ Prepare el escenario.

❑ Use el tiempo presente.

❑ Trate de recordar los detalles que vio a medias.

❑ Relacione los detalles con situaciones, hechos e ideas; busque otra información y relaciones.

❑ Continúe así hasta que recuerde todo lo importante.

❑ Repase y anote la información que deseaba.

DUPLICADOR DE LA CAPACIDAD CEREBRAL #16

Use este efectivo proceso de repaso siempre que se le hayan escapado detalles importantes de un acontecimiento reciente.

1. Anote la experiencia entera o repítala en una grabadora. No se limite a repasar las cosas mentalmente. El hecho de pronunciarlas o anotarlas servirá para reforzarlas y le ayudará a recordar más detalles.

2. Prepare el escenario: lo que vio, escuchó, sintió, tocó y hasta sus sentimientos y reacciones. Describa todos los detalles. Cuantos más detalles, tanto mejor. Encontrará que cada uno de los detalles que recuerde estimulará toda una columna más de detalles, cada uno de los cuales despertará una parvada más. (Estoy sentado en la sala de conferencias. La luz de la tarde se refleja sobre la mesa. Habla Carolina. Viste un suéter verde...)

3. Limítese al tiempo presente.

4. Dedique de tres a cinco minutos a esta parte del ejercicio.

Duplicador de la capacidad cerebral #16 (cont.)

5. Cuando haya descrito la escena, trate de incorporar los detalles que haya visto a medias. (El conferenciante no lleva anillo de casado…)

6. Relacione estos detalles con los demás recuerdos que tenga, en busca de información nueva. Trate de encontrar la mayor cantidad de relaciones posible. (Habló del éxito de su línea básica, pero no dijo nada de las periféricas. ¿Podría tener algún motivo?

7. Siga así hasta estar seguro de que ha recordado todo lo importante.

8. Repase sus notas o vuelva a escuchar la grabación. Anote la información que estaba tratando de recordar.

Capte para siempre los detalles complejos

¿Necesita incluir material complicado en su memoria a largo plazo? Pruebe el "repaso mental", una estrategia elaborada por el profesor Matthew Erdelyi, de la Universidad de la Ciudad de Nueva York. Es sumamente efectivo para procedimientos laborales, especificaciones de clientes, informes de la compañía, resúmenes comerciales, conferencias, clases, juntas de consejo, talleres y cualquier otra situación en la que usted encuentre material complejo y detallado que tendrá que usar durante cierto tiempo en el futuro. El repaso mental le permite revertir la curva del aprendizaje. En lugar de olvidar 90 por ciento de la información compleja, usted recordará 90 por ciento. Es más, podrá tener acceso a ella, cuando quiera, durante muchos años.

❒ Diez minutos después de aprender, repase durante 5 minutos.

❒ Pasado un día, repase entre 2 y 3 minutos.

❒ Pasada una semana, repase entre 2 y 3 minutos.

❒ Pasados seis meses, repase entre 2 y 3 minutos.

Dado que no es necesario tomar notas escritas, muchos empresarios y ejecutivos recurren al Repaso Mental para captar y reforzar datos clave que surgen en conversaciones informales, durante comidas o en otros actos sociales.

Duplicador de la capacidad cerebral #17

Recurra al repaso mental la próxima vez que tenga que captar los detalles de un documento largo o una presentación oral.

1. Tome nota mental de los puntos que quiera recordar. Lleve un total permanente de la cantidad de puntos.

2. Diez minutos después de que haya terminado la presentación o que haya terminado de leer, encuentre un lugar donde pueda estar solo, sin distracciones, durante cinco minutos. Repase los puntos clave que quiera recordar.

3. Repítase una vez en voz alta cada uno de los puntos. No repita más, no es necesario.

4. Si encuentra que hay puntos que no logra recordar, no se esfuerce en recordarlos. Sólo adivine cuáles son y prosiga.

5. Una hora después, haga una sesión de repaso. Repita los pasos anteriores.

6. Tres horas después, repita el proceso.

7. Seis horas después, vuelva a repetirlo.

8. Justo antes de dormirse esa noche, haga un repaso final.

9. Repita el proceso de repaso entero, tres veces, el segundo y tercer días.

10. Conserve el material fresco, con una sesión de repaso cada tres o cuatro días.

Olvide lo que no necesita: bórrelo de la memoria

Una de las mejores formas de multiplicar la capacidad de la memoria consiste en duplicar la cantidad de espacio de almacenamiento mental disponible para datos y recuerdos nuevos. La mente acumula muchísima basura mental con el transcurso de los años: nombres, datos y cifras obsoletos, hasta datos y cifras que fueron importantes pero que ya no necesitamos saber; procedimientos laborales de hace tres empleos, direcciones para atravesar la ciudad ayer, a un lugar al que nunca volveremos a ir.

Libere todo ese espacio mental desperdiciado con su función de "borrar recuerdos". Con esta función usted puede borrar lo que ya no necesita recordar. Borrar recuerdos es lo mismo que "memoria al instante" pero al revés.

Muchos paquetes de software cuentan con un programa que borrará archivos y programas que ya no se necesitan. Su cerebro también lo tiene. El siguiente ejercicio le enseñará a "limpiar"; es el programa "borrar recuerdos".

Usted ya ha adquirido los elementos básicos cuando aprendió a usar la memoria instantánea. Ahora ponga una variante de esos cinco pasos a trabajar en sentido contrario, y úselos para olvidar información en lugar de para recordarla.

- ❒ Tenga fe en que olvidará.
- ❒ Propóngase olvidar.
- ❒ Visualice la información.
- ❒ Dígase que debe olvidar.
- ❒ No vuelva a pensar en ello.

DUPLICADOR DE LA CAPACIDAD CEREBRAL #18

Por la noche, antes de dormirse, invierta unos cuantos minutos para deshacerse de datos obsoletos.

1. Elija algo que quiere olvidar, sea el tipo de trabajo que realizaba en su empleo anterior o una serie de cifras que se aprendió de memoria para los informes del año pasado.

2. Tenga fe en que lo olvidará.

3. Propóngase olvidarlo.

4. Diga en voz alta o visualice claramente lo que quiere olvidar..

5. Conscientemente dígase que debe olvidarlo.

6. No vuelva a pensar en ello. (Si lo hace, no se clave en el asunto.)

Capítulo 6

Memoria poderosa mediante la mnemotecnia

¿Alguna vez ha visto a uno de esos magos de la memoria, que caminan entre un público que jamás han visto, saludando de mano a las personas y después recuerdan los 100 ó 200 nombres y los casan con la persona correspondiente? ¿Envidió usted su suerte por haber nacido con una memoria tan fabulosa?

Si es así, no se angañe. Su envidia está mal dirigida. Como en el caso de tantas cosas más, los magos no nacen, se hacen. Su capacidad para recordar cada uno de los nombres que usted escucha, cada dato que estudia, cada concepto que aprende no es una característica hereditaria. Es un truco mental que cualquiera puede aprender.

Lograr una memoria fenomenal no es tarea difícil. Recurra a las capacidades naturales del cerebro, que generalmente pasan desaprovechadas. La técnica es tan elemental que incluso niños la han aprendido.

Sin importar que usted crea que tiene una memoria pésima, esta técnica garantiza que se sienta igual a cualquiera de los llamados magos de la memoria. Los profesionales lo llaman "mnemotecnia". Esto le da un toque elegante y hace que suene científico. El hecho de llamarlo mnemotecnia también hace que parezca difícil y técnico. Esto asusta a muchas personas y las desalienta cuando oyen la palabra por primera vez.

La mnemotecnia no es sino la capacidad de la mente para asociar palabras, ideas e imágenes. Piense en ella como una "asociación", en lugar de "mnemotecnia", y encontrará que suena mucho menos intimidante y mucho más natural.

Se sabe, desde hace mucho, que la información queda atrapada en la mente, de manera permanente, si se asocia con algo vívido, interesante o inusual. Esto fue lo que condujo a la vieja escuela de azotar a los niños, o castigarlos de alguna manera, para reforzar lineamientos que no se debían romper. La asociación también es la forma en la que la mayoría aprendimos a escribir, por ejemplo, el nombre de la directora de nuestra escuela primaria, la Señora Amable, sencillamente imaginándola con su brazo tiernamente apoyado sobre nuestros hombros.

La asociación es una forma de "etiquetar" o "clasificar" —en términos de computación se llamaría "nombrar"— la información que tal vez se necesitará para referencias del futuro. Las personas la manejan para seguir la pista de material relacionado con sus pasatiempos, sus profesiones e incluso datos respecto a personas y lugares que les interesan. Un corredor de bolsa la emplea para estar al tanto de datos importantes en el terreno de las publicaciones especializadas que repasa todas las semanas. Un agente artístico maneja la asociación para estar al tanto de los nombres de todas las personas, registros, canciones, películas y programas de televisión de los que oye hablar, para así impresionar a los actores y las actrices bajo su tutela aparentando que sabe todo respecto a sus carreras artísticas. Debido a ellas, el *chef* aficionado es capaz de recordar, con detalle, cualquiera de las mil recetas que ha leído con el paso de los años y de reproducirla con un toque exquisito para sus invitados a cenar. El abogado de la empresa que tiene que manejar leyes y reglamentos del gobierno, que cambian constantemente, recurre a la asociación para recordar las reglas que se aplican al trabajo actual y al venidero.

Este capítulo se concentrará en cuatro técnicas de asociación muy poderosas, cada una de ellas representa un método clásico para multiplicar la capacidad de la memoria, y casi nunca fallan. Todas las técnicas tienen un factor común, pues asocian información en torno a elementos fáciles de recordar y a imágenes insólitas e inolvidables. Sin embargo, cada una de ellas también depende de capacidades mentales diferentes —visuales, orales, matemáticas, lógicas— y produce mejores resultados dependiendo de las personas. Estas cuatro estrategias de asociación son:

❑ La técnica de localización.

❑ Las palabras percha.

❑ Las siglas.

❑ Los índices de datos.

Recuerde mediante la técnica de localización

¿Quiere contar con un multiplicador de la memoria totalmente seguro? ¡He aquí uno que ha aguantado la prueba del tiempo durante más de 2.500 años! Los oradores romanos lo usaban para organizar sus discursos; los magos de la memoria descansan su éxito sobre sus capaces hombros; los vendedores lo han empleado para recordar los nombres de los clientes; y los estudiantes han pasado exámenes sólo gracias a su fuerza.

Se trata de la técnica de la localización. Al igual que las otras técnicas de la memoria que se presentan a continuación, ésta controla la capacidad de la mente para asociar una idea o imagen con otra. En algún punto de su infancia, usted probablemente fue sometido a alguna variante del viejo chiste: "No vayas a pensar en una vaca azul." Es probable que después de que esta imagen quedó implantada, usted haya tenido problemas para no volver a pensar en una vaca de ese color.

La técnica de la localización consiste en el truco psicológico de asociar las cuestiones que tenemos que recordar con imágenes mentales de lugares que conocemos. El nombre se deriva de *locus* (palabra latina que quiere decir lugar). Cuanto más complicada o espectacular sea la imagen y la combinación, tanto más vívidamente se localizará la información asociada en la mente.

Lo único que tiene que hacer es elegir una serie de lugares concretos, los que utilizará una y otra vez para fijar nombres y datos importantes en la memoria; por ejemplo, pueden ser cinco espacios comunes, que hay en casi todas las salas: (1) la puerta principal, (2) el sofá, (3) el televisor, (4) la lámpara, (5) un cuadro que cuelga de la pared.

Se trata de un proceso simple:

☐ Elija los hechos, las cifras y otros datos que quiera recordar.

☐ Elija los elementos que se relacionan con los cinco lugares o su localización en su sala: la puerta, el sofá, el televisor, la lámpara o el cuadro que cuelga del muro.

☐ Idee imágenes visuales que incorporen la información a los objetos de su sala.

☐ Recorra estas imágenes con la mente varias veces al día, durante tres o cuatro días.

Por ejemplo, el nombre de una clienta nueva, la señora Altagracia Campofrío. La dama en cuestión es muy alta. Imagínela de pie en la puerta, con la cabeza casi pegando contra el dintel. Imagínese que transmiten por la televisión imágenes de una enorme nevada que ha helado toda la ciudad. Imagínese el cuadro de su muro que contiene un paisaje precioso.

Cuando vuelva a ver a la dama, no piense en que se le puede olvidar su nombre. Recuerde su sala. Eso le sugerirá la imagen de la señora al entrar por la puerta y golpearse la cabeza. Después recuerde lo que se transmitía por la televisión en ese momento; eso le estimulará la imagen de la gran nevada, congelándolo todo. Recuerde que este cuadro parecía un paisaje.

¡Pum! Tendrá el nombre "Altagracia Campofrío" en la punta de la lengua.

DUPLICADOR DE LA CAPACIDAD CEREBRAL #19

Si usted tiene orientación visual, aplique la técnica de la localización para crear imágenes mentales vívidas que sirvan para encerrar nombres, fechas, datos y cifras en su memoria.

1. Elija las cosas que quiera recordar. (Por ejemplo, la figura 207).

2. Relaciónela con uno o varios de los cinco lugares o puntos de su sala: puerta de entrada, sofá, televisor, lámpara, cuadro. (Supongamos que elige el cuadro y el televisor.)

3. Genere imágenes visuales que incorporen los datos a los objetos de su sala. (Visualice el cuadro como una careta verde repugnante de la que pende una etiqueta con un precio de 207 dólares, y que usted piensa comprarla, mentalmente. Visualice el televisor abajo del cuadro, con un técnico reparador; éste, al terminar presenta una factura por 207 dólares).

4. Repase estas imágenes en la mente varias veces al día, durante tres o cuatro días.

5. La semana siguiente trate de recordar la figura asociada a ellas. (Despierte el cuadro en la memoria, la repugnante careta verde, ¿cuánto costaba? Lo mismo con la cuenta de la reparación del televisor. Le asombrará lo fácil que es recordarlos.)

Afiance la memoria con palabras percha

"Naranja dulce, limón partido, dame un abrazo que yo te pido…" O "Yo tenía diez perritos… de los diez que tenía, ya sólo me quedan nueve…". Nadie olvida jamás estas cancioncillas infantiles.

Nuestros antepasados más distantes ya tenían conocimiento de la fuerza de la rima para afianzar la memoria. Los relatos y las historias de héroes, heroínas y dioses se presentaban en verso. El verso permitía recordar las cosas con mayor facilidad, porque la última palabra de una línea daba la pista para el sonido de la palabra que terminaba la siguiente línea y, por tanto, de lo que iba antes de esta palabra.

La mayoría recordamos cientos —incluso miles— de coplas, trozos de poemas o canciones enteras debido a la fuerza de la rima para atrapar la mente y la memoria. Con sólo una vez que escuchemos a las brujas de Shakespeare decir: "Double, double, toil and trouble. Fire burn and cauldron bubble", recordaremos las palabras para siempre. Y cuando escuchamos el poema: "… princesa con un manto de tisú, tan bonita Margarita, tan bonita como…", sabemos que la palabra que termina la frase será "tú".

Lo que los expertos llaman palabras "eje" funcionan de manera similar. Combinan el enfoque científico contemporáneo con el añejo poder de la consonancia. El resultado es un sistema de memoria infalible, que muchas personas consideran igual de bueno que cualquier otro.

De las palabras percha se "cuelgan" imágenes mentales de hechos y cifras críticas con las consonancias específicas de números del uno al diez; por ejemplo, "uno" y "desayuno" o "cuatro" y "teatro". Las consonancias son las palabras percha.

Las palabras percha le funcionan especialmente bien a las personas que tienen facilidad para las matemáticas o las cuestiones orales, pero casi todo el mundo obtiene magníficos resultados con ellas. Como en el caso de la localización, se empieza por elegir una serie de objetos.

Invente su propio sistema de consonancias si así lo prefiere, o aproveche el que ofrece Michael McCarthy en su libro *Mastering the Information Age*. Por ejemplo, podría usar los siguientes pares:

Uno - desayuno	Seis - podéis
Dos - tos	Siete - bonete
Tres - Andrés	Ocho - morocho
Cuatro - teatro	Nueve - nieve
Cinco - brinco	Diez - pies

Las palabras percha le ayudan a mejorar la capacidad de su memoria cuando se topa uno con información vital que debe recordar, de esta manera:

❏ Detecte lo más específicamente posible los hechos, nombres o ideas que desee recordar.

❏ Elabore una imagen mental que ligue la información con esos objetos. (Palabras percha como "partidos" y "pies") que riman con los números.

❏ Cuando necesite recordar los datos, repase mentalmente los números, y la imagen colgada a la palabra percha que rima saltará al instante, trayendo con ella la información que usted requiere.

Michael McCarthy, el mago del aprendizaje, ofrece este ejemplo: "Suponga que quiere recordar varios puntos que presentará en una junta de personal: ampliar el sistema telefónico, terminar los proyectos más puntualmente y asignar tareas para un proyecto específico. Para el primer punto (uno-desayuno-teléfono), imagine un teléfono gigantesco flotando en un platón, como si fuera un tocino junto a dos enormes huevos. Para el segundo punto (dos-tos-terminar puntualmente) imagínese en su escritorio sellando montones de papel y que cada vez que los estampa con un sello enorme que dice "terminado" se levanta polvo y le produce tos. Para incluir fuerza extraordinaria, escuche el "ruido" del sello cuando golpea el montón de papeles. Para el tercer punto (tres-Andrés-asignación), visualice a las personas de la oficina sentadas junto a Andrés y todas ellas trabajando en diversos aspectos del proyecto".

Tómese un minuto para fijar estas imágenes y consonancias en la mente. Mañana trate de recordar los hechos que representan mediante las palabras percha. Le impresionará lo fácil que resulta recordarlas.

DUPLICADOR DE LA CAPACIDAD CEREBRAL #20

Este ejercicio muestra que usted no puede correr el riesgo de olvidar.

1. Detecte lo más específicamente posible los hechos, los nombres o las ideas que quiera recordar.

2. Conciba una imagen mental que ligue la información con los objetos (palabras percha como "partidos" y "pies") que rimen con los números.

DUPLICADOR DE LA CAPACIDAD CEREBRAL #20 (cont.)

3. Cuando tenga que recordar los datos, repase mentalmente los números y, de inmediato, la imagen asociada con ("colgada de") la palabra percha que rima le saltará a la mente, lo que aportará con ella la información que usted requiere.

Cómo asociar la memoria con siglas

¿Cómo recuerda "EGBDF", o sea, el orden de las letras que representan las notas musicales en el pentagrama musical según la notación en inglés? Repitiendo para sus adentros la frase "ese gran barco debe fondear"? Ésa sería una manera de hacerlo.

¿Y los Grandes Lagos? En muchas clases de geografía, las maestras estadounidenses los grababan en la memoria de los estudiantes para siempre con una sola palabra. ¿Le parece mágico? ¡Lo es! Magia oral. La palabra era "homes" (casas). La palabra está compuesta por la inicial de los nombres de cada uno de los cinco lagos, a saber: H de Hurón, O de Ontario, M de Michigan, E de Erie y S de Superior.

"Homes" y "ese gran barco debe fondear"... son siglas. Usted las ha visto toda la vida y muchas veces durante un día típico. Las siglas han pasado de ser un truco para la memoria a ser un producto básico del mundo moderno, necesarios para ayudarnos a recordar las innumerables compañías, organismos de gobierno e instituciones de caridad que nos rodean por todos lados.

Las acronimias son palabras diseñadas para reforzar la capacidad de la memoria mediante las primeras letras de las cosas importantes que tendrá que retener. "MADD" (que equivaldría a furioso en inglés) son las siglas de la famosa organización estadounidense Mothers Against Drunk Driving (Madres en contra de los conductores ebrios). ¿Cuántas más puede recordar usted de entrada? Seguramente muchas, lo que confirma la eficacia de las siglas.

Si usted viaja en auto con frecuencia, habrá notado que muchas placas "personalizadas" de autos son siglas. Recientemente he visto LTRYWNR (que se pronuncia loterigüiner en inglés y quiere decir "ganador de la lotería"). HZNHRZ (que se pronuncia jizanjerz en inglés y quiere decir "de él y de ella"); y WGESLV (que se pronuncia ueichsleiv en inglés y quiere decir "esclavo asalariado").

Si usted es bueno para jugar Scrabble, los crucigramas y otros juegos de palabras, las siglas son un camino natural que le permitirá a usted guardar información en la memoria. Aun cuando no pertenezca al género de los magos lingüísticos, encontrará que crear siglas no es muy difícil, una vez que haya aprendido cómo hacerlo. El efecto de las siglas en su memoria es tan potente que tal vez incluso los pueda usar para recordar palabras y fechas que no tienen relación.

❑ Haga una lista con las primeras letras del nombre o la palabra de cada elemento que quiera recordar.

❑ Vuelva a ordenar y colocar las letras hasta que éstas formen una palabra o las primeras letras de las palabras de una oración.

❑ Sea creativo.

❑ Si le faltan vocales o consonantes, rellénelas (encontrará que no son obstáculo para poder recordar las palabras percha de su sigla).

Tome las cuatro técnicas de memoria presentadas en este capítulo. ¿Puede recordar el nombre de las tres? ¿Le gustaría poder recordarlo mañana? ¿Por qué no trata de hacer una sigla con las primeras letras? Estas serían la L, de la técnica de la localización, la P de las palabras percha, la S de las siglas y la I de los índices de datos. Es decir, L, P, S, I.

Estas letras tal vez no parezcan adecuadas para trabajar. Sólo son una vocal y tres consonantes. Aun así, recuerde que debe ser creativo; además puede rellenar con vocales si las necesita. Trate de reordenar las letras un poco. Por ejemplo, cambie la primera vocal de lugar. El resultado sería P-L-I-S. Esto suena un poco como la palabra inglesa "please" (por favor) y usted podría recordarla con tal nombre. Refuércela con una imagen de alguien que quiera recordar las cuatro técnicas de memoria y le pide a la mente que recuerde "plis" (por favor).

Mañana pregúntese cuáles son las cuatro técnicas de la mnemotecnia. Es muy probable que recuerde las letras P-L-I-S y que, de inmediato, asocie la técnica de la localización, las palabras percha, las siglas y los índices de datos.

También puede hacer una oración con la primera letra de cada una de las palabras, correspondiente a la primera letra de cada una de las técnicas. L, P, S, I. Para encontrar algo lo bastante ameno como para que se le grabe en la imaginación, podría llegar a algo como "Los Pandas Saben Inglés". Imagínese un panda que habla inglés y así recordará la técnica de la localización, las palabras percha, las siglas y los índices de datos después de muchos meses, incluso años, a partir de este momento.

DUPLICADOR DE LA CAPACIDAD CEREBRAL #21

Use siglas siempre que esté ante una lista de puntos que debe recordar. Tómese su tiempo con cada uno de los cuatro pasos y habrá puesto su capacidad de salvavidas, salva memoria, a su servicio.

1. Haga la lista de los puntos que desee recordar después. (Por ejemplo, volvamos a la técnica de la localización, las palabras percha, las siglas y los índices de datos.)

2. Anote la primera letra de cada punto. (Por decir, L, P, S, I.)

3. Escríbalas en diferentes combinaciones y trate de pronunciar el resultado. (Además de "L-S-P-I" puede obtener "L-I-P-S" labios, en inglés.)

4. Cuando encuentre una que suena como una palabra real, piense en una imagen que le facilite recordar esa palabra. (¿Puede usted pensar en una imagen para asociar la memoria y lips?)

Designe los recuerdos con índices de datos

¿Alguna vez ha visto con envidia una habitación llena de archiveros o leído una etiqueta de un disco duro de "1-*gigabyte*". ¿Le hubiera gustado poder almacenar conscientemente todo lo que necesita recordar, indizándolo con esa misma precisión y tenerlo presente con la misma velocidad?

No se desespere. Los índices de datos le ofrecen la capacidad cerebral para hacerlo. Usted puede crear su archivero de tarjetas, archivero de expedientes o programa de almacenamiento de datos propio, y lo puede ampliar al infinito.

Según los científicos, el cerebro tiene capacidad para retener alrededor de 100 mil millones de bits de información. ¡Esto equivale a 500 enciclopedias! El problema está en encontrar y sacar el *bit* específico de datos que se necesita, de forma fácil e instantánea, cuando se necesita.

En su mayor parte, esa información está ahí esperando igual que cuando la adquirió, revuelta, al azar. Buscarla en la mente en vano es una experiencia frustrante y, muchas veces, destinada al fracaso. Es como entrar en un amplio almacén, que abarca muchas manzanas, que contiene una carta importante, y tener que buscarla habitación por habitación.

Pero, ¿si tuviera un mapa del almacén, un índice de la cantidad de recuerdos y datos, equivalente a 500 enciclopedias, almacenados en su cerebro? Usted multiplicaría la capacidad de su cerebro por 500 en el caso de la memoria.

Con los índices de datos, usted aprenderá a crear una guía de referencias mentales casi infalible para tener acceso a esos 100 mil millones de bits de información. Scott Witt, el experto en capacidad cerebral, compara el poder de los índices de datos con el equivalente a 33 páginas de información. Witts explica que en un libro promedio, una página de índice resume las ideas centrales de 33 páginas de texto. "Qué resulta más fácil", pregunta Witt, "¿aprender de memoria un página del índice o las 33 páginas de texto que abarca ésta?".

Los índices de datos funcionan de manera muy similar a las etiquetas de archivos o las "direcciones" de los datos de una computadora. Mentalmente, se asigna un nombre o etiqueta a la información, lo cual dificulta que la olvidemos. Cuando indiza y luego hace referencias y subreferencias, puede almacenar y tener acceso, en forma consciente, a una cantidad de datos prácticamente infinita.

Los índices de datos son fáciles. Hacen milagros con la memoria de todo el mundo, pero quienes tienen una orientación lógica los encontrarán particularmente adecuados para sus capacidades. Los índices de datos sólo entrañan cuatro pasos mentales:

- Identificación de la fuente — una "etiqueta" que indica de dónde proceden los datos que se indizan.

- Etiqueta del tema — una "etiqueta" que indica en qué categoría se están clasificando los datos.

- Vínculo de datos — un nexo para asociar los datos con el tema y la fuente.

- Índice de los datos subordinados mediante el mismo proceso.

En *How to Be Twice as Smart,* Witt ofrece el ejemplo de alguien que quiere clasificar la información de su libro *Spare-Time Businesses*

You Can Start and Run for Less than $1,500. Sugiere usar "1,500 dóla-res" como su identificación de la fuente, pues es fundamental para el libro. Después, conciba una imagen mental de su negocio de pedidos por correo, que vende artículos marcados al precio de 1,500 dólares cada uno. Como una sección abarca la publicidad de las ventas por correo y la otra está dedicada a los catálogos, Witt propone usarlas como las etiquetas temáticas. Por último, recomienda crear direcciones inolvidables, ligando el tema y la fuente con una imagen mental repetible.

La gran ventaja de los índices de datos es que usted jamás tiene que aprender nada de memoria, conscientemente. No es necesario. Sólo tiene que ligar las imágenes y las etiquetas para crear un sistema de archivo tan bueno como el creado por cualquier secretaria o programador de computación.

DUPLICADOR DE LA CAPACIDAD CEREBRAL #22

Use los índices de datos para archivar mentalmente nombres, datos, cifras, hechos, conceptos y cualquier información que considere que podría ser relevante en el futuro.

1. Idee una identificación de la fuente que le ayude a recordar de dónde proceden los datos. (Por ejemplo, el material del "Seminario de Lluvia de Ideas" del profesor Lincoln podría tener la etiqueta "Seminario del Prof. Lincoln".)

2. Elabore una etiqueta del tema para archivar los datos bajo ese rubro. (Por ejemplo, suponiendo que el tema principal fuera "Lluvia de ideas"; utilice la frase como etiqueta del tema. Asocie con ella toda la información futura sobre la lluvia de ideas.)

3. Fórmese una imagen de vínculo da datos entre ellas. (Imagínese al profesor vestido como Lincoln, con chistera, barba, de pie delante del grupo y con una lluvia que le cae sobre la cabeza; una "lluvia de ideas".)

4. Ligue las ideas subordinadas. (Una descripción de los seis modos de pensar podría estar ligada por una imagen del profesor con seis tormentas dándole vueltas alrededor de la cabeza; trate de olvidarse de la imagen, si puede.)

Capítulo 7

Los mapas de memoria: la fuerza de la personalización

Usted está a punto de conocer un poderoso instrumento para guardar información en la memoria. Se llaman "mapas de memoria" (o mapas de la mente) y los expertos en aprendizaje han venido elaborándolos más o menos desde hace diez años. La técnica es tan sencilla que parece casi juego de niños. Todo lo que tiene que hacer es anotar las ideas y los hechos fundamentales y trazar flechas para indicar relaciones o asociaciones entre ellos.

Pero los mapas de memoria tienen mucha más miga que los juegos infantiles. Los directores generales de las sociedades multinacionales, los creadores de software, los empresarios, los catedráticos y los estudiantes los usan para aumentar la capacidad de la memoria y estimular las ideas. Son magníficos para juntas y conferencias y para cualquier situación donde haya ocasión de tomar notas. Cuando capta información al vuelo o no puede usar un mapa de memoria en el momento, haga uno o varios más adelante, para así cristalizar la información y guardarla en el disco duro de su mente.

Los mapas de memoria se derivan de la obra de Endel Tulving, el psicólogo canadiense. Tulving repartió entre dos grupos de estudiantes cien tarjetas con palabras impresas sólo en el anverso. A un grupo le pidió que se aprendiera las palabras de memoria. Al otro le pidió que las organizara en categorías que les parecieran lógicas.

Después, Tulving aplicó un examen a los dos grupos para averiguar cuántas palabras recordaban de las 100. Asombrosamente, quienes sólo habían organizado las palabras, sin realizar ningún esfuerzo especial para recordarlas, obtuvieron las mismas calificaciones en el examen que los estudiantes que se habían concentrado en aprenderlas de memoria. Tulving llegó a la conclusión de que la participación activa de los estudiantes al organizar el material producía patrones y asociaciones que tienen cierto sentido y refuerzan los datos en nuestra memoria, de manera tan efectiva como el esfuerzo consciente para recordarlos.

Los mapas de memoria requieren que se escriba en el centro de una hoja de papel una palabra importante de algo que uno desee recordar. Las subideas importantes se escriben cerca de ella y se trazan líneas entre éstas y la idea central. Después se anotan las ideas que se relacionen con las subideas y se trazan líneas para conectarlas. Algunas de ellas se pueden conectar con la idea clave, otras no. El resultado final parece un dibujo infantil, con decenas de conjuntos en ramas.

Es más divertido guardar la información de esta manera que por medio de las notas lineales, además es más fácil encontrar de un solo vistazo las ideas centrales más adelante. Es magnífico para las clases, las juntas de ventas, los libros, los informes, los videos, los documentales de televisión, las audiocintas, y cualquier lugar donde la información se disemine de manera oral o visual.

Los mapas de memoria funcionan porque, en el proceso de anotar los conceptos centrales y de trazar las conexiones, uno piensa, entiende y evalúa la información, al tiempo que la traduce a términos personales con los que la puede relacionar. Resulta particularmente útil para quienes tienen una inteligencia visual muy desarrollada (como contraria a la inteligencia oral), que se sienten atorados cuando tienen que hacer planos lineales. No obstante, es lo bastante sencilla y poderosa como para que cualquiera la aproveche.

La figura que sigue es un mapa de memoria típico.

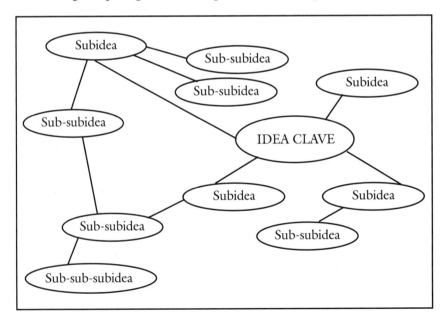

Este mapa de memoria puede resultar confuso, una mezcolanza de etiquetas y líneas. Pero parta del centro, de la idea clave, y las cosas empezarán a tener sentido en seguida. Siga las líneas que se alejan de ella; terminan en ideas secundarias o subideas. Las líneas salen en forma de radio de estas subideas, a ideas subordinadas o sub-subideas. Otras líneas muestran relaciones entre estas subideas y sub-subideas y la idea clave o entre unas y otras.

Los mapas de memoria refuerzan la memoria porque funcionan en varios niveles al mismo tiempo.

- ❏ Al hacer diagramas de la información usted toma la masa de datos que entra y la convierte a conceptos e imágenes que tienen sentido para usted.

- ❏ Se basa en las capacidades analíticas y orales del hemisferio izquierdo del cerebro y en las facultades visuales y espaciales del hemisferio derecho, lo que refuerza los hechos y los datos de manera simultánea en los circuitos de la memoria de los dos hemisferios del cerebro.

- ❏ Al anotar las ideas clave y al indicar las relaciones entre ellas, usted personaliza los datos, al ordenarlos de manera que tengan sentido para usted.

- ❏ Como siempre hay lugar para más ideas y relaciones, usted tiene la necesidad de seguir buscando nuevas direcciones.

- ❏ Como los elementos centrales están todos ahí, sobre la hoja, a usted le resulta más fácil observar las relaciones importantes.

- ❏ La información está organizada en torno a la forma en la cual usted percibe las asociaciones entre las ideas, ello aumenta la probabilidad de que las guarde en la memoria y las pueda recordar con más facilidad.

- ❏ El hecho de procesar la información de manera consciente —en lugar de escuchar o leer de manera pasiva— aumenta la posibilidad de que usted la recuerde.

- ❏ El hecho de conectar las ideas sin seguir una línea recta es un refuerzo enorme para la memoria, pues se trabaja siguiendo el entramado natural de la mente, que liga los recuerdos de esta misma manera.

Simplificación de los mapas de memoria

Deténgase un instante. Repase su existencia pensando en los momentos cuando usted, de repente, dominó una tarea difícil o comprendió algo difícil de entender. Se le han grabado en la memoria, ¿verdad? Usted recordará el conocimiento adquirido o los datos aprendidos.

Ésta es la fuerza de la participación personal. También explica por qué los mapas de memoria son instrumentos tan poderosos para reforzar datos y cifras cuando los aprende o después. Al identificar aquello que usted considera importante, al anotar las palabras clave, al establecer conexiones, al detectar relaciones se genera la participación personal. Esto multiplica la capacidad de la memoria, porque asegura que usted recordará lo que incluya en el mapa mejor y más tiempo, y con más facilidad, de lo que lo haría al escuchar, leer o tomar notas en forma pasiva.

Además, hacer mapas de memoria es muy fácil. Lo único que se necesita es una hoja grande de papel y un lápiz. Cuanto mayor sea la hoja de papel, tanto mejor; una de esas libretas grandes, de tamaño para pintar o gráficas, es la más conveniente. Pero millones de mapas de memoria han sido trazados en hojas de papel tamaño carta. Escriba con pluma si es lo único que tiene. Pero tal vez desee alterar elementos conforme encuentra mejores palabras o descubre una conexión que quiere cambiar, y resulta más fácil borrar el lápiz.

Un escritor que conocí usaba lápices de color. Recomendaba tener entre tres y cinco colores diferentes para ayudar a distinguir los diferentes tipos de conexiones y de ideas. Empleaba un lápiz de color para distinguir lo que habría aprendido, otro para las cosas relacionadas con su propia experiencia y un tercero para la información que tendría que perseguir e investigar más adelante. Otros más estaban reservados para subideas y sub-subideas.

Los mapas de memoria implican seis pasos estratégicos:

❏ Anote en el centro de la hoja una idea o un hecho clave que desee recordar, y trace un círculo alrededor de ella.

❏ Cerca, anote todas las ideas o subideas importantes y relacionadas que le vengan a la mente, y recuerde que debe trazar un círculo en torno de cada una.

❏ Trace líneas que conecten estas ideas con su idea clave.

❏ Anote los ejemplos, las referencias o los pensamientos específicos que impliquen sus subideas y conéctelos.

❏ Siga sumando ideas y conexiones conforme le vengan a la mente, hasta que sienta que ha captado todo lo importante.

❏ Siga aumentando cosas más adelante si surgiera algo importante.

Éstos son algunos consejos derivados de los principales proponentes de los mapas de memoria, que le servirán para obtener el máximo provecho de sus esfuerzos. No se preocupe respecto al hecho de que una idea sea lo bastante importante o no. Siempre estará a tiempo de borrarla, cambiarla de lugar o modificarla introduciendo un elemento más importante en ese círculo. Si quiere tener incluso más opciones para cambiar de opinión, deje espacio para los círculos nuevos que se le podrían ocurrir después. Su mapa no tiene que estar completo ni ser correcto "en términos académicos". Es su registro personal y, en la medida que satisfaga sus necesidades, es todo lo que necesita. El único objeto del mapa de memoria es formular y captar pensamientos y datos que usted considera vitales y hacerlo a su manera.

En lugar de taquigrafía, anote cualquier símbolo visual que tenga significado para usted; signo de pesos, caricaturas, lo que fuere. Coloque un signo de pesos junto a los elementos que se relacionan con aumentar sus ingresos. Trace una X o una calavera sobre huesos cruzados junto a cosas que le han advertido que debe evitar. ¿Por qué no un signo de interrogación junto a las cifras que tiene que verificar?

El siguiente ejercicio ha sido diseñado para introducirle a la producción de mapas de memoria con la mayor sencillez posible. Le brindará una experiencia inmediata que pondrá a funcionar sus conocimientos de cómo hacer mapas de memoria.

DUPLICADOR DE LA CAPACIDAD CEREBRAL #23

Haga un mapa de memoria con las ideas de este capítulo que usted considera centrales. Consiga un lápiz y una hoja grande de papel, como se explicó antes. (A continuación se presenta un mapa de memoria parcial, de este capítulo, para ayudarle a arrancar. Sencillamente rellene el resto.)

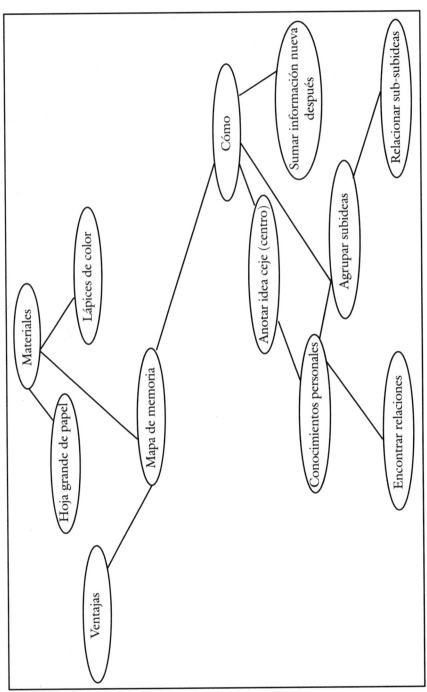

DUPLICADOR DE LA CAPACIDAD CEREBRAL #23 (cont.)

1. Anote una o dos palabras que representen lo que usted considere el tema central de este capítulo en el centro de la hoja y trace un círculo alrededor.

2. Después anote a lápiz dos o tres subideas centrales y trace líneas para conectarlas con la idea central.

3. Estudie cada subidea, de una en una, y súmeles las ideas que vayan sugiriendo, en forma de racimos a su alrededor.

4. Después estudie cada sub-subidea y anote las ideas subsidiarias que sigan sugiriendo, y así sucesivamente hasta que piense que ha incluido todo lo importante.

5. Deje espacio para otros círculos que contendrán ideas o datos relevantes que va encontrando o concibiendo después.

Domine las bases de los mapas de memoria

¿Qué tan efectivos son estos mapas para aumentar la capacidad de memoria? Pregúntele a Jan DeGroot. "Es como pintarrajear", dijo despectivamente Jan la primera vez que oyó hablar de ellos. Jan era directora de una institución financiera de Boston, con sucursales en todo el estado, que estaba a punto de aumentar de tamaño mediante una fusión con una organización rival.

Le sugerí una estratagema sencilla para poner a prueba el poder de los mapas de memoria. Le dije a Jan que pidiera a uno de sus ayudantes que tomara notas, a la antigüita, durante la próxima junta para la fusión, y que ella usara los mapas de memoria para seguir la pista de los detalles importantes. (Usted puede convenir lo mismo con un amigo para una conferencia o junta). Al término de la jornada, los dos se sentarían y, sin referencia a sus notas anteriores, tratarían de anotar la mayor cantidad de puntos centrales que pudieran recordar. Los resultados asombraron a Jan y a su ayudante. La lista de Jan contenía casi el doble de detalles. Intente hacer mapas de memoria y usted también se sorprenderá ante los resultados.

Los mapas de memoria son un salvavidas para casi cualquier experiencia del aprendizaje. Suponga que usted se encuentra desarmado en el pasillo de la oficina y que le lanzaron una ráfaga rápida de datos que usted no está en posición de anotar. Digamos que las circunstancias impidieron que usted los apuntara como notas más adelante. Incluso días después, el poder de los mapas de memoria para despertar recuerdos asociados del inconsciente es tan fuerte que si usted empezara a hacer un mapa de lo que escuchó en el pasillo, recordaría casi el 100 por ciento.

Duplicador de la capacidad cerebral #24

Usted puede usar el siguiente ejercicio para hacer un mapa de información central que quiera recordar, sin importar en qué forma se presenta, si visual, oral o impresa. Usted lo puede usar en ese momento o días, semanas o, incluso, meses después.

1. Consiga una hoja de papel y un lápiz.

2. Anote el dato clave —o un dato central (es indiferente)— en el centro de la hoja.

3. Trace un círculo alrededor de éste y de todos los elementos subsiguientes que anote.

4. Anote ideas o subideas relacionadas importantes en torno a éste, en forma de racimo.

5. Trace líneas que conecten las subideas con el círculo central.

6. Señale todas las relaciones entre subideas con una línea que las conecte.

7. Haga racimos de ideas relacionadas con sus subideas en torno a ellas y trace las conexiones pertinentes. Señale las relaciones entre estas subsubideas y otras subideas o su idea central.

8. Siga así hasta terminar.

III

CÓMO MULTIPLICAR SU
Capacidad para leer

Capítulo 8

Lectura instantánea

Procedimientos, correo electrónico, informes, memorandos, sitios Web, cartas, periódicos, publicaciones o la forma que usted quiera, una parte inmensa de lo que tenemos que aprender y recordar cada día nos llega por medio de la palabra escrita. Antes de la llegada de las computadoras, todo el mundo se quejaba de que no contaba con tiempo suficiente para estar al día en sus lecturas (la cuota de periódicos, artículos de revistas y libros necesarios para estar debidamente informado).

Con la llegada de la PC, para casa y oficina, las cosas han empeorado, en lugar de mejorar. Los informes, folletos, memorandos, revistas y libros siguen ahí. Pero se les han sumado los fax-módems, el correo electrónico, Internet y World Wide Web, y enfrentamos el desafío de abarcarlos todos para poder tener éxito en el empleo, hacer elecciones informadas y llevar vidas más satisfactorias. Más que cualquier otra generación en la historia del mundo, ahora tenemos que leer y absorber mucho más material, transmitido por medios impresos. Hay quienes leen a toda velocidad dicen sentirse abrumados. Es fácil entender por qué una mejora en la capacidad para leer, significa una mejora para la capacidad de su cerebro. Pero no se intimide. Las nuevas estrategias para leer le permiten dar un giro a la situación, deshacerse del peso de toda esa información que carga sobre los hombros y ponerla a trabajar para su provecho, cambiarla de un obstáculo a un activo.

La ciencia ha aprendido mucho respecto a la lectura en los pasados 30 años. La lectura veloz sólo marcó el principio. Casi todo el mundo piensa que la lectura veloz es muy emocionante y de avanzada. Sí es un gran avance en comparación con la forma en que la mayoría aprendimos a leer. Pero la lectura veloz sólo *fue* el principio. Ahora las estrategias para leer hacen que la lectura veloz sea obsoleta. Desatan capacidades naturales para leer tan poderosas que usted podrá leer cualquier cosa casi en un instante, sin sacrificar lo que entiende o comprende. Y, a diferencia de la lectura veloz, funcionan sin que usted tenga que dominar ejercicios y capacidades complejas.

¿Qué diría si, para cuando despierte mañana por la mañana usted hubiera podido duplicar su capacidad para leer? ¿Qué diría si pudiera, sin sudar la gota gorda, deslizarse por informes, artículos de periódicos, correo electrónico, sitios Web, hojas de cálculo y libros? ¿Qué diría si pudiera leer casi todo de todo en un instante?

Concluya este capítulo antes de irse a dormir hoy y aplique sus principios; tendrá esa capacidad precisamente cuando se despierte. Está a punto de encontrar estrategias para la lectura instantánea que duplicarán su velocidad para leer y aumentarán su comprensión.

Si le parece exagerado, no lo es. Sus capacidades naturales para leer, al igual que sus otras capacidades mentales, son así de poderosas, literalmente. Investigaciones universitarias han demostrado que sólo uno de los siguientes Duplicadores de la lectura, el retroceso, aumenta 100 por ciento su velocidad para leer.

Concentración: la clave para la lectura al instante

Tal vez esté diciendo: ¿Qué? ¿Algo tan sencillo como concentrarme más me confiere una capacidad como la Lectura instantánea? ¡Ridículo! Tal vez parezca demasiado bueno para ser verdad. Sin embargo, está respaldado por evidencia científica sólida. El solo hecho de concentrarse más profundamente en lo que usted lea disparará su velocidad y comprensión muchos años luz.

Sólo considere lo siguiente. ¿Alguna vez se ha encontrado en una situación intensa —una que, tal vez, implique peligro, como un auto que de repente aparece dirigiéndose directamente hacia usted u observar que alguien corre peligro— en la cual usted alzó la vista y asimiló todos los detalles de la escena de un vistazo? En tal caso, usted conoce la capacidad asombrosa del cerebro para percibir instantánea y exhaustivamente todo aquello que absorbe la vista.

Piense en las veces que ha recorrido arduamente los párrafos o incluso página enteras de un documento relacionado con el trabajo, sólo para darse cuenta, de repente, que no tiene la más remota idea de lo que leía. Piense en el tiempo que pierde leyendo con falta de concentración, porque no lee con una intención consciente.

El instructor Norman Lewis, en su obra señera, *How to Read Better and Faster,* reseñaba la poderosa relación entre la concentración y la velocidad para leer. En un experimento, en su laboratorio de lectura para adultos, pidió a un grupo de voluntarios que leyeran un artículo breve a su velocidad normal. Les proporcionó un entorno cómodo y un ambiente conducente a la relajación. Se pidió a los voluntarios que leyeran el material al mismo ritmo con el que leían en casa. La única indicación era que leyeran cada palabra y trataran de comprenderla. Después, Lewis registró los tiempos de lectura y aplicó una prueba de comprensión.

Al día siguiente, Lewis pidió a sus voluntarios que leyeran otro artículo, igual de largo. En esta ocasión, les indicó que lo leyeran a la mayor velocidad posible. De nueva cuenta, la única estipulación era que debían leer cada palabra y no sacrificar la comprensión. En este caso también, Lexis registró las velocidades de los participantes y después aplicó pruebas de la comprensión.

Los resultados proporcionaron pruebas contundentes del peso de la concentración. La mayoría de los voluntarios habían leído entre 25 por ciento y 50 por ciento más rápido, y su comprensión no se vio disminuida.

DUPLICADOR DE LA CAPACIDAD CEREBRAL #25

En breve estará leyendo casi a toda su velocidad, en lugar de arrastrarse a su ritmo actual.

1. Determine su velocidad óptima para leer. Encuentre algo que pueda leer de una sentada, de preferencia un artículo de periódico o el capítulo de un libro.

2. Haga una señal a la mitad de la pieza que piensa leer.

3. Anote el tiempo y empiece a leer.

4. Cuando llegue a la marca de la mitad, deje de leer un segundo y anote cuánto tiempo ha tardado en leer la primera mitad de la pieza.

Duplicador de la capacidad cerebral #25 (cont.)

5. Siga leyendo, pero en esta ocasión concéntrese en presionarse para leer más rápido. No lea tan rápidamente que sacrifique la comprensión.

6. Cuando llegue al final, vuelva a anotar el tiempo. Note cuánto más velozmente pudo leer la segunda mitad cuando se concentró conscientemente en aumentar su velocidad. Imagine que se puede ahorrar ese tiempo, cada vez que lea. Después imagine que puede ahorrarse el doble de tiempo con sólo concentrarse en leer incluso un poco más velozmente.

7. La próxima vez que lea —y cada vez que lea— concéntrese conscientemente en leer más rápidamente. Lo asombrarán los resultados en apenas unos cuantos días o una semana.

Acabe con tres hábitos malos de lectura

Antes de que aprenda a leer más rápido, tendrá que superar tres hábitos contraproducentes que todos aprendimos en la escuela primaria. A no ser que nos hayan enseñado otra cosa desde entonces, sin darnos cuenta los repetimos una y otra vez, cientos de veces, a lo largo de cada sesión de lectura. Esto multiplica el trabajo muchísimas veces. No es extraño que avancemos con tanta lentitud y que la lectura nos canse tan pronto.

Los tres hábitos malos de lectura son:

- La subvocalización.

- Leer de palabra en palabra.

- El retroceso.

Usted tal vez jamás haya oído hablar de ellos antes. Quizá ni siquiera esté consciente de que los tiene. Cuando los conozca, es probable que se dé cuenta de que llevan toda la vida inhibiendo su velocidad para leer.

Estos tres hábitos son como piedras de molino. Con ellas colgadas de su cuello, la lectura instantánea es imposible. Abandone cualquiera de ellas y dará un gran salto en su capacidad para leer. Supere las tres y encontrará que ya se ha convertido, un poco, en un lector instantáneo al hacerlo.

La subvocalización: repetir las palabras conforme las va leyendo

Seguramente aprendió a leer siguiendo a la maestra y repitiendo en voz baja las letras, después las palabras, después las oraciones. Esto es lo que los científicos llaman "subvocalización".

Repetir las palabras en voz baja conforme se lee disminuye la velocidad al ritmo de la palabra hablada. Su cerebro puede pensar en palabras —y leer palabras— a mucha mayor velocidad de lo que usted habla. Por eso, en ocasiones, se la traba la lengua, cuando no puede seguir el ritmo del cerebro.

No es extraño. Lo más rápido que se puede leer cuando se repiten las palabras mentalmente, según Michael McCarthy, experto en lectura y autor de *Mastering the Information Age,* es alrededor de 150 palabras por minuto. La velocidad máxima de las personas que leen palabra por palabra es de entre 200 y 300 palabras por minuto. Esto es casi el doble de las 600 y tantas palabras por minuto que lee la persona promedio.

Superar la subvocalización puede ser engañoso al principio. Es muy parecido a aprender a andar en bicicleta por primera vez. Usted tal vez se caiga de ella unas cuantas veces al principio. Pero aférrese un rato y usted aprenderá el chiste. Como en el caso de andar en bicicleta, cuando aprenda el chiste, jamás lo olvidará.

DUPLICADOR DE LA CAPACIDAD CEREBRAL #26

El siguiente ejercicio es básico para todas las formas de lectura instantánea. Le ayudará a determinar si usted subvocaliza y le ayudará a no seguir haciéndolo. No se lo salte. Ello se debe a que la subvocalización es el principal obstáculo para poder leer más velozmente.

1. Pregúntese si subvocaliza mientras lee.

2. Tal vez no pueda contestar. Su forma de leer puede ser algo tan natural para usted, que usted quizá jamás haya pensado en ella conscientemente. De ser así, fíjese si se repite las palabras mientras va leyendo.

3. Si descubre que es un subvocalizador, y es probable que así sea, trate de leer el resto de este capítulo a una velocidad un poco mayor de aquella con la que puede repetir las palabras. Presiónese y trate de permitir que la vista capte las palabras sin pausar para repetírselas en voz baja. Quizá

DUPLICADOR DE LA CAPACIDAD CEREBRAL #26 (cont.)

encuentre que avanza a mayor velocidad que la que considera necesaria para absorber información de la hoja impresa. También está bien.

4. Cuando llegue al final de este capítulo, deténgase. Anote lo que recuerde como si fueran los puntos clave.

5. Vuelva a este punto. Ahora repase el capítulo. Le asombrará descubrir la cantidad que retuvo.

6. Siga practicando esta técnica hasta que su hábito ya no sea subvocalizar.

De leer de palabra en palabra, a leer de frase en frase

En principio, aprendimos a leer de palabra en palabra. Descubrimos el sonido y el significado de cada palabra cuando nuestros maestros nos las iban enseñando. Después aprendimos a asociar las palabras individuales, uniéndolas de una en una en series. "Ver… detectar… correr". Es un magnífico sistema para aprender a leer, pero es un pésimo sistema para la lectura en sí.

Un motivo por el cual le desagrada la lectura podría ser que le desacelera. Usted puede pensar —y vivir— a mucha mayor velocidad de la que lee. Leer se siente como caminar ardua y lentamente hacia una meta inalcanzable y no muy importante.

Las encuestas indican que las personas que dejan de leer palabra por palabra fácilmente aprenden a leer a 600, 1000 e incluso 2000 palabras por minuto. Estas cifras multiplican muchas veces la velocidad de alguien que avanza recitando mentalmente las palabras de una en una.

Las investigaciones han producido una forma nueva, mucho más efectiva, para que lean los adultos. Cuando hemos abandonado la niñez, la mente tiene capacidad para abarcar grandes cantidades de material de aprendizaje. Si aprovechamos esa capacidad daremos un "salto cuántico", más allá de nuestros anticuados empeños por leer de una palabra a la vez.

Si usted lee de palabra en palabra, la idea de toda una nueva forma de leer tal vez le parezca descabellada. Pero tiene fundamentos sólidos. Sin duda, usted reconocerá que su cerebro adulto puede absorber y entender cantidades de datos más grandes que los que absorbía en la escuela primaria. Tal vez no haya relacionado estos dos puntos. No obstante, su capacidad para tomar y manejar cantidades de información más grandes también se aplica a la lectura.

El cerebro adulto está preparado para tomar e interpretar frases enteras de un solo vistazo, sin que usted tenga que descifrarlas o repetir su sonido palabra por palabra. En lugar de cojear palabra por palabra usted puede aprender a leer frase por frase. Si cada frase consta sólo de tres palabras, usted triplicará su velocidad al leer.

La mayor parte de la información está contenida en frases breves (cada una de las cuales expresa una idea completa) dentro de las oraciones, de cualquier manera. Sólo busque grupos pequeños de palabras conectadas, por ejemplo "La mayor parte de la información"… "está contenida"… "en frases breves"… que forman parte de oraciones, de cualquier manera".

Tome la oración que termina el párrafo que antecede: "Si cada frase sólo consta de tres palabras, usted estará triplicando su velocidad al leer". Si usted la lee de palabra en palabra, vio sus elementos individuales más o menos así: "Si… cada… frase… consiste… de… sólo… tres… palabras,… usted… estará… triplicando… su… velocidad… al… leer".

¿Qué pasaría si su vista estuviera preparada para aprovechar la capacidad cerebral para percibir los impresos de frase en frase? Usted vería la misma oración de esta manera, más o menos: "Si cada frase… consiste de… sólo tres palabras… usted… triplicará… su velocidad de lectura. Al leer de frase en frase, usted quedará en libertad de correr, donde antes se arrastraba.

DUPLICADOR DE LA CAPACIDAD CEREBRAL #27

Éste es otro ejercicio que usted no se puede dar el lujo de saltar. La lectura de palabra en palabra es un obstáculo fundamental para leer más velozmente.

1. La próxima vez que lea un artículo, un libro o un documento de trabajo, busque las frases cortas que contienen una sola idea.

2. Trate de absorberlas juntas, de captarlas visual y mentalmente al mismo tiempo.

3. Presiónese a lo largo del material, identificando y avanzando frase tras frase. No se detenga a tomar palabras individuales, aunque esté seguro de que el proceso no le está funcionando para su caso.

> **DUPLICADOR DE LA CAPACIDAD CEREBRAL #27** (cont.)
>
> **4.** Cuando haya terminado, escriba un resumen de todo lo que recuerde.
>
> **5.** Repase el material. De nueva cuenta, tal vez se asombre al descubrir lo bien que funciona lo de la frase por frase.
>
> **6.** Practique varias semanas o meses, hasta que se haya convertido en el hábito que fue leer palabra por palabra.

El retroceso

En la edad adulta, retroceder es el tercero de los hábitos que nos sabotean y socavan las capacidades para leer. Y, de los tres, el retroceso puede ser el peor. Retroceder significa volver a una palabra para asegurarnos de que la vimos correctamente. Se trata de un rasgo casi universal. Según Michael McCarthy, retroceder es un hábito inconsciente que nace de "nuestra falta de confianza en nuestra capacidad para entender el material. Si se nos escapa una palabra o frase, si nuestra atención divaga un instante, instintivamente sentimos que nuestra comprensión mejorará si retrocedemos y volvemos a leerla".

No obstante, estamos equivocados. Retroceder no mejora nuestro entendimiento. De hecho, lesiona nuestra comprensión. Detenerse en cada palabra o frase para repasarla interfiere con la capacidad cerebral para captar el significado general de lo que uno está leyendo. También afecta nuestra capacidad para seguir la forma en que encajan los detalles.

Imagine un avión que ha sido construido de la siguiente manera. Se atornilla el primer perno; después hay que destornillarlo, sacarlo y atornillarlo de nueva cuenta para poder colocar el segundo tornillo. Después hay que sacar el segundo tornillo también y volver a colocarlo antes de pasar a atornillar el tercer tornillo y así sucesivamente.

Se tardaría el doble en armar el avión y, además, sería muy frustrante. Ahora tiene cierta idea de la cantidad de su potencia para leer que se desperdicia debido al acto, engañosamente inocente, de retroceder.

DUPLICADOR DE LA CAPACIDAD CEREBRAL #28

Ésta es su oportunidad para liberarse del último reflejo que frena su velocidad para leer a una fracción de su potencia. Tampoco se salte este ejercicio.

1. Elija una lectura larga.

2. Atáquela a la mayor velocidad posible, sin detenerse a mirar nada dos veces.

3. De nueva cuenta, cuando haya terminado, anote lo que recuerde. Compare con lo que ha leído.

4. Presiónese para leer así hasta que sienta que se ha convertido en un acto instintivo.

Retenga lo que lee mediante los "refuerzos de la lectura"

A estas alturas, usted ya leerá con mucha mayor velocidad que cuando empezó este capítulo, y sin haber perdido nada de comprensión. No obstante, todos los atajos del mundo serán inútiles a no ser que usted recuerde y retenga las ideas clave de lo que lee. Sin embargo, la naturaleza parece habernos jugado una broma pesada en este sentido. La información que absorbemos al leer, con frecuencia justo aquello que más queremos recordar, es lo más difícil de recordar.

Las cosas que leemos nos impresionan mucho menos, y por consiguiente son mucho más difíciles de recordar que las cosas que nos ocurren en el mundo material que nos rodea. Ésta es la razón por la cual las personas tienen problemas para recordar algo tan sencillo como el nombre del libro que están leyendo, por no hablar del contenido.

Seguramente ha tenido esta triste experiencia en algún punto de su vida —en el trabajo, en la escuela, en la milicia o en algún otro quehacer— y se ha quedado intrigado sobre los detalles de un documento que apenas leyó un día antes. De repente, la mente se le quedó en blanco. Quizá descubriría que sólo tenía un recuerdo vago del contenido.

Sea como fuere, el resultado fue el mismo: se sintió humillado, nervioso y salió mal librado. Además, es probable que pasó la siguiente hora, más o menos, castigándose mentalmente por no haber recordado algo que había leído apenas un poco antes.

Pero no fue su culpa. Si le hubieran preguntado, probablemente habría recordado lo que había cenado la noche anterior, así como la mayor parte de los detalles de la conversación durante la cena. Nuestras interacciones con el mundo que nos rodea son mucho más vívidas, producen más impacto en nuestra memoria, que las columnas de letras negras impresas en una hoja de papel.

Y lo irónico es que aquello que absorbemos mediante la lectura suele ser lo que necesitamos recordar mejor. Casi todo lo importante para nuestra vida proviene de la letra impresa: los cambios de política de la empresa, los manuales para empleados, las pólizas de seguros, los estados de pérdidas y ganancias. Usted rellenará los espacios en blanco a partir de sus experiencias a partir de este punto.

Aun así, no tiene por qué volver a ocurrirle. Con cinco "refuerzos de la lectura", recordará todo lo que lea, con tanta claridad como los detalles de la cena de anoche.

Multiplique su capacidad para leer mediante esta sencilla estrategia de cinco pasos. No sólo recordará los detalles al día siguiente, si le preguntan, sino que los retendrá durante mucho tiempo. Los siguientes refuerzos de la lectura son cinco preguntas que debe hacerse después de leer cualquier cosa que quiera recordar.

- ❏ ¿De qué se trató?

- ❏ ¿Cuál era la información más importante que contenía?

- ❏ ¿Qué opiniones, en su caso, presentaba el autor?

- ❏ ¿Cuál es su opinión al respecto?

- ❏ ¿Qué elemento lo hace único?

Duplicador de la capacidad cerebral #29

Jamás lea algo importante sin realizar este repaso mental rápido. En cierto sentido, se parece a los sistemas de retención de la memoria que se explicaron en la Parte II de este libro. La próxima vez que termine algo que quiera recordar, pregúntese:

DUPLICADOR DE LA CAPACIDAD CEREBRAL #29 (cont.)

1. ¿De qué se trató? (Aviso de un cambio en los procedimientos para el personal de ventas, por ejemplo.)

2. ¿Cuál era la información más importante? (Las máquinas registradoras ya no imprimirán copia de los recibos para la tienda. Sólo imprimirán una copia para el cliente. El recibo de la tienda será almacenado en forma electrónica mediante la red LAN del departamento.)

3. ¿Qué opiniones se presentaban? (El nuevo procedimiento beneficiará a todos; tienda y empleados. Les ahorrará tiempo porque evitará el paso de meter el recibo en el cajón de la caja registradora. También conservará recursos porque reduce a la mitad el uso de los recibos de papel.)

4. ¿Cuál es su opinión al respecto? (Si hay un problema de cómputo, estaríamos ante un problema muy serio. Además, no tendríamos un recibo de papel para poder reproducir esas cifras.)

5. ¿Qué elemento lo hace único? (No tendré que ocuparme de los recibos de la tienda.)

Capítulo 9

Leer con inteligencia

¿Qué diría si pudiera duplicar su capacidad para leer? ¿Qué haría eso para su carga de trabajo, para su vida, para el enriquecimiento de su mente? Éste es uno de los capítulos más sencillos de este libro, pero para cuando lo termine, usted habrá multiplicado por diez su capacidad para leer.

En realidad, muchísimas personas se sienten intimidadas ante la idea de leer. Creen que leer es una tarea pesada. Como abordan la lectura con esta actitud, la mayoría de las personas encuentran que leer es muy difícil. Por lo tanto, permiten que el material de lectura se amontone. El montón va creciendo y creciendo. En poco tiempo se quedan muy atrasadas y el panorama de leer todo ese material amontonado resulta incluso más intimidante, y parece una tarea mucho más pesada de realizar.

Leer es una tarea pesada sólo cuando usted no conoce la manera inteligente de leer. Leer a mayor velocidad no es la meta. La meta es leer mejor. La regla de hacer las cosas mejor, no más difíciles, es uno de los principios cardinales de la vida. Nos llevó de las cavernas al condominio con calefacción y aire acondicionado. Está tras cada adelanto importante, desde la rueda y el tornillo hasta la lavadora de ropa y la PC casera.

"Más inteligente en lugar de más difícil" es lo que hace que usted, de pronto, se salga de la vía rápida a las 4 p.m. y tome un camino distinto para dirigirse a casa, justo cuando el tránsito pesado empieza a acumularse. "Más inteligente en lugar de más difícil" es el concepto medular para delegar autoridad. "Más inteligente en lugar de más difícil" es preparar cinco comidas de una vez y congelar cuatro para el futuro.

Se presenta en casi todo lo que usted hace. Tal vez no se haya dado cuenta que era el principio en operación, pero "más inteligente en lugar de más difícil" está en el fondo de muchos de los logros de la humanidad, tal vez de todos.

También se aplica a la lectura. Hay atajos que usted debe utilizar para duplicar, triplicar, incluso cuadruplicar la velocidad con la que recorre sus cartas, libros, informes, artículos de revistas y demás. Además, usted no tiene que aprender una sola de las llamadas técnicas de la lectura veloz.

Según Michael McCarthy, profesor de seminarios sobre lectura activa, hasta 90 por ciento de lo que leemos es un esfuerzo desperdiciado. La mayor parte de ello no se refiere al tema central que nos interesa o es relleno literario. Sólo 10 por ciento, en ocasiones incluso menos, contiene información aprovechable.

¿Cuánto tiempo y esfuerzo ahorraría si se saltara el 90 por ciento que no necesita saber y atacara directo ese 10 por ciento utilizable? Leer diez veces más en el mismo tiempo.

¿Dónde quedaría la pesada tarea de la lectura? No tendría nada de intimidante ni de difícil. No habría motivo para demorarla, porque terminaría antes de darse cuenta.

Esos montones de lecturas acumuladas en las que se ha atrasado se derretirían como mantequilla. Sus ojos pasarían saltando por todas las páginas y palabras irrelevantes y se limitarían a los 5, 10 o 20 puntos que usted necesita leer. Usted dejaría un punto a un lado y leería el segundo punto con la misma velocidad.

Los investigadores de la lectura se han dirigido a tres estrategias milagrosas para pasar por alto lo que usted no necesita saber y para entrar directo a la "sustancia", ese 10 por ciento que cuenta. Éstas son:

- ❏ Aumentar sus ideas por minuto.
- ❏ Trazar un "mapa de lectura".
- ❏ Leer por encima.

Aumente las IPM (ideas por minuto) en lugar de las PPM (palabras por minuto)

Robert R., vicepresidente de una enorme compañía de comunicaciones, se dirigió a mí. Había tomado un famoso curso de lectura veloz. Su ritmo de lectura era de más de 1000 palabras por minuto. Antes, había estado abrumado con la cantidad de correspondencia laboral, información y publicaciones especializadas que tenía que revisar todos los días. Aunque leía al triple de velocidad, aún no podía cubrirlo todo, mucho menos los periféricos, como los periódicos matutinos y varios libros que deseaba leer. Robert se sentía mucho más atrasado que antes de que tomara el curso de lectura veloz.

Había cometido un error muy común. Suponía que por el hecho de leer más rápidamente absorbía información más rápidamente. Ésta es sólo parte de la verdad. Lo que Robert no sabía era que, aun cuando leía más rápidamente, gran parte del material de lectura era irrelevante para sus necesidades, repetitivo o, lo peor, un desperdicio para su valioso tiempo. Incluso después de apresurarse por cientos de páginas, no estaba asimilando mucho en cuanto a ideas nuevas y datos cruciales. Robert había equivocado el enfoque de su mira. En lugar de aumentar la cantidad de palabras que estaba absorbiendo, debía haber estado concentrándose en la cantidad de información vital que estaba absorbiendo.

Muchas personas se concentran en aumentar la velocidad para absorber palabras. Han sido engañadas por las afirmaciones de los seminarios de lectura veloz que prometen velocidades de hasta 2,000 palabras por minuto y de leer páginas enteras de un solo vistazo. Absorber más palabras a mayor velocidad no es la razón por la que usted está leyendo. La razón es adquirir datos e ideas importantes.

Aumentar su cantidad de PPM (palabras por minuto) no es lo que cuenta cuando usted quiere mantenerse al tanto de la oleada de información. Una mayor cantidad de palabras por minuto no le llevarán al punto donde quiere llegar, sobre todo cuando muchas de esas palabras no se refieren a lo que usted desea saber. Leerlas no le acercará en absoluto a su meta. La velocidad de sus IPM (ideas por minuto) es la que debería aumentar.

Concentrarse en la velocidad de la lectura hace que usted, equivocadamente, dirija sus esfuerzos a repasar montañas de palabras irrelevantes e innecesarias. Usted puede absorber todas las ideas de un autor sin leer todas sus palabras. Por ejemplo, el título de esta sección, o casi cualquiera de las oraciones que contiene podrían darle una idea de los puntos clave.

Hay otro beneficio de leer en busca de ideas. Será mucho más probable que se concentre en lo que aprende y que lo recuerde. No será difícil señalar las ideas principales de lo que usted lea.

Le pedí a Robert que hiciera el siguiente ejercicio: le ayudó a mejorar sus IPM y a recorrer los montones de lecturas que requería para estar al día en la industria de las comunicaciones, siempre cambiante.

Duplicador de la capacidad cerebral #30

Practique lo siguiente la próxima vez que lea un periódico, revista o cualquier cosa que le tome alrededor de 30 minutos. Se requiere material de lectura, un cronómetro y un papel para escribir. Usted aprenderá a encontrar las ideas importantes en forma instantánea y fácil.

1. Marque 15 minutos en el cronómetro.

2. Lea a su velocidad normal.

3. Deje de leer y anote lo que recuerde como ideas clave.

4. Vuelva a preparar el cronómetro para la misma cantidad de tiempo.

5. Reanude la lectura. Pero en esta ocasión trate de leer velozmente y saltarse todo aquello que no parece idea. Tendrá que echarle un vistazo a todo. Pero haga sólo eso, échele un vistazo. No se moleste en absorber cada palabra o detalle. Deténgase y lea con cuidado siempre que encuentre material que le parece que podría ser fundamental para sus propias necesidades o que pudiera contener ideas clave.

6. Si contiene información importante, léalo a su ritmo normal.

7. Si no la contiene, entonces lea con celeridad. Busque el material que vale la pena conocer.

8. Deje de leer y vuelva a anotar lo que recuerde como ideas clave.

9. Compare la cantidad de ideas que usted absorbió la primera vez con el número que absorbió durante su segunda sesión de lectura. Es probable que se asombre ante los resultados. (Con práctica, usted no tendrá problema para multiplicar la cantidad exponencialmente.)

Tome atajos de tiempo mediante el "mapa de lectura"

La mayoría de las personas, sin saberlo, desperdician un montón de tiempo leyendo cosas innecesarias, porque no conocen un secreto muy simple: la gran mayoría de los periódicos, artículos, informes y libros basados en hechos están escritos con base en una plantilla o mapa universales.

Igual que un mapa de carreteras, usted podrá llegar a su destino más velozmente, ubicar paradas importantes, evitar callejones sin salida, tomar atajos y gozar de un camino general más placentero cuando basa su trayectoria en un "mapa de lectura". Éste le ayudará a localizar la información exacta que usted quiera hasta 90 por ciento más rápidamente.

El mapa de lectura se basa en la simple premisa de que la mayoría del material que contiene hechos está construido sujeto a los principios clásicos y bien conocidos:

❏ Un tema central (punto clave).

❏ Material de apoyo.

❏ Subtemas (puntos subsidiarios).

❏ Material de apoyo.

❏ Sub-subtemas.

❏ Material de apoyo.

Los párrafos, las secciones, las subsecciones, los capítulos y los libros siguen todos este formato. Cada uno elabora una idea o imagen central. El principio de cada una plantea el tema. El grueso contiene los materiales que la apoyan. El final resume el punto que se plantea o habla de su importancia.

En el caso de un libro o un informe detallado, tal vez haya una cantidad importante de puntos subsidiarios. Esto incluso se puede convertir en lo que el autor de *How to Be Twice as Smart* describe como una especie de "regresión infinita de subtemas, sub-subtemas, sub-sub-subtemas y así sucesivamente".

Cada tema o punto, a su vez, está sustentado por material ilustrativo, explicativo o sustancial. Esto puede incluir todo desde datos y cifras, hasta aclaraciones, casos, ejemplos, descripciones y definiciones, incluso fotografías, ilustraciones, diagramas, cuadros, gráficas, tablas y planos.

DUPLICADOR DE LA CAPACIDAD CEREBRAL #31

La próxima vez que tenga un informe, montón de correspondencia, manual o libro importantes que desee leer, siga estos pasos:

1. Recórralo velozmente, leyendo sólo los títulos y los subtítulos. Vea cuántas de las ideas clave y cuánto de la orientación general del material puede derivar de este solo acto.

2. Pregúntese qué títulos parecen indicar el material que contendrá la información que más le interesa a usted.

3. Ahora regrésese y sólo lea esas secciones.

4. Calcule aproximadamente qué parte del informe, artículo o libro no leyó. ¿Se trata de un 10, 20 o incluso 50 por ciento o más?

5. Imagínese cuánto más podría leer si se ahorrara ese mismo porcentaje de su tiempo para leer cada vez que se pone a leer.

Brínquese los "marcadores de lugar" — el arte de leer a saltos

Éste es el último refinamiento del mapa de lectura. Ahora que usted ya sabe qué busca, podrá aprender cuatro instrumentos poderosos para identificar y avanzar en zigzag, pasando por alto todo el material de una publicación o resumen que represente basura por cuanto a usted le interesa. Las investigaciones sobre la lectura han revelado otra asombrosa estadística: una cantidad que llega hasta entre 20 por ciento y 50 por ciento del material de lectura se absorbe con "marcadores de lugar" que no tienen sentido. Los marcadores de lugar son frases, párrafos e incluso páginas que conectan o ilustran y son necesarios para que el escrito sea técnicamente correcto, así como para ayudar a los lectores más lentos a llegar al punto. Los marcadores de lugar cumplen con una serie de funciones.

❑ Conectan ideas.

❑ Hacen la transición de un tema a otro.

❑ Ilustran puntos que ya se han definido.

❐ Citan periódicos y libros que consultó el autor.

❐ Repiten lo que se ha dicho para bien de los lectores distraídos.

Lo único que no hacen los marcadores de lugar es contener ideas o información valiosas. Por cuanto se refiere al contenido, son nulos y huecos. Elimine todos los marcadores de lugar del material de lectura y las ideas, y la información clave seguirá ahí.

Cada minuto que dedique a leer marcadores de lugar es un minuto irremplazable de su vida —y de tiempo de lectura valioso— que ha perdido. Aprenda a reconocer los marcadores de lugar y a saltarlos en milésimas de segundo, al mismo tiempo que entresaca el resto. Usted ya sabe cómo leer por encima. Todo el mundo lo hace. Aun así, el mapa de lectura para guiarle y con unos cuantos pequeños trucos de conocedor, usted podrá leer por encima con tanta rapidez y precisión que encontrará que está absorbiendo muchas páginas de información valiosa en sólo uno o dos minutos. Los siguientes cuatro atajos le enseñarán a leer por encima cualquier cosa larga, desde manuales e informes hasta libros enteros, captando todo lo importante en casi nada de tiempo.

❐ No se atore en los detalles.

❐ Brínquese lo que no necesita saber.

❐ Deje que los autores identifiquen las ideas clave y no usted.

❐ Encuentre la oración principal.

❐ Cuidado con los avisos que señalan un cambio de tema.

No se atore en los detalles

Usted no desea conocer los detalles, sino el punto o la idea principal. La mayor parte del material impreso fue escrito para señalar un punto: los detalles están ahí para ilustrar ese punto. Con frecuencia, usted lee para encontrar ese punto o una serie de puntos. Eso es todo lo que requiere saber. Los detalles específicos que conducen a él son irrelevantes.

En tal caso, usted tiene la elección principal. Sólo busque las palabras clave relacionadas con su campo o campos de interés. Si se trata de artículos de revistas de tenis relacionados con lesiones, las palabras clave podrían ser "médico", "accidente", "lesión", "golpe", etcétera.

O, digamos que busca las cifras exactas de las ventas de semiconductores realizadas en Estados Unidos en 1995, en un artículo sobre tendencias generales del ramo, a lo largo de los pasados 15 años. Recorra la página en busca del número "1995". Cuando lo encuentre, métase brevemente en el material subsiguiente. Si contiene la información que usted necesita sobre las ventas, habrá encontrado un filón de oro.

DUPLICADOR DE LA CAPACIDAD CEREBRAL #32

Use este enfoque cuando busque el punto o los puntos principales de un documento o publicación.

1. Concéntrese exactamente en el tipo de material que le interesa leer.

2. Elija entre una y seis palabras clave que probablemente aparecerán en cualquier explicación del mismo.

3. Corra la vista rápidamente por toda la página, leyendo el par de palabras centrales de cada línea, buscando las frases que le avisan que el punto que está buscando podría estar contenido ahí.

4. En el momento que las detecte, desacelere y lea el material que haya alrededor.

Bríinquese lo que no necesita saber

En ocasiones, sí necesita conocer los detalles, pero no todos, sino sólo aquellos que se refieren a ciertos temas. Gran parte —en ocasiones la mayor parte— del material de un documento no se refiere al tema que le interesa. Sólo ciertas partes abordan aspectos que le interesan. Trátese de las dos terceras partes o de una décima parte, usted también las debe saltar. En cambio, concéntrese en localizar y leer las secciones que sí corresponden. El tiempo que se ahorre será suyo.

Por ejemplo, la mayoría de los informes, análisis, cartas, resúmenes, libros y artículos de revistas y periódicos empiezan con unas cuantas líneas o párrafos que resumen su tema básico y contenido general. Lo mismo ocurre con la mayoría de los capítulos, secciones y subsecciones. Una rápida mirada al principio de cada una de ellas le indicará si puede encontrar material que le interese y dónde. Si no hay nada interesante, siga al próximo.

Cuando las ideas principales no están resumidas al principio, casi siempre están recapituladas al final. Por ejemplo, si usted fuera una ocupada empresaria, que estuviera leyendo un artículo en *Forbes,* clasificando los 25 fondos mutualistas más importantes y pensara invertir su dinero en el fondo número uno, los detalles no le interesarían. Lo único que querría saber es qué fondo mutualista es el primero. La mayor parte del artículo consistiría en especificaciones de las operaciones y la productividad de cada fondo. Usted podría leer por encima los primeros párrafos para ver si el artículo empieza por el primer fondo o por el número 25. Después usted podría saltarse hasta el principio o el fin del artículo y leer el nombre del fondo en primer lugar y llamar a su corredor de bolsa.

DUPLICADOR DE LA CAPACIDAD CEREBRAL #33

Esta técnica de cuatro pasos es ideal para cuando usted está leyendo en busca de información específica.

1. Empiece a leer.

2. Empiece por el principio. Constate si las ideas están enunciadas ahí.

3. De lo contrario, asómese al final. Seguramente las encontrará ahí.

4. Repita este proceso tantas veces como sea necesario, hasta que llegue al final.

Deje que los autores identifiquen las ideas clave y no usted

En estos días, usted no tiene que buscar las ideas clave. Las personas que escriben libros, revistas, folletos, informes y demás se encargan de hacer la tarea de identificar las ideas clave y los cambios importantes de tema.

Casi todo el material que se publica tiene títulos en mayúsculas que se incluyen entre algunos párrafos para indicar cuando se empieza a explicar un tema o subtema nuevos. Estos títulos resumen el punto del material siguiente. Los ha visto en periódicos, libros, informes y por todas partes.

Los autores también emplean otros trucos tipográficos, como las cursivas, las negritas, los subrayados, las listas numeradas, las gráficas y los cambios de puntos de tipo para destacar datos importantes o ideas cruciales sobre el resto (de manera muy parecida a lo que he hecho en este libro.

En la mayoría de los casos, concentrarse en ese 10 por ciento que usted necesita leer es tan sencillo como colocar la vista en la hoja. Encontrará que los puntos principales resaltan y llaman su atención hacia ellos.

DUPLICADOR DE LA CAPACIDAD CEREBRAL #34

Use este método cuando tenga que repasar grandes montones de libros y documentos de investigaciones en busca de unos cuantos datos o categorías clave. Encontrará todo lo que necesita, con una asombrosa facilidad y velocidad.

1. Coloque todo el material que debe repasar delante de usted sobre un escritorio o junto a una silla cómoda.

2. Repase sus hojas, de uno en uno. Pase por alto todo el material que se presenta en tipo normal. Sólo busque las palabras o frases presentadas en un tipo que se ve diferente. Cuando encuentre cualquiera que, al parecer, se aplica a sus campos de interés, desacelere la velocidad y lea con más atención.

3. Repita este proceso hasta que termine.

Encuentre la oración principal

Cuando la tipografía le haya conducido a una sección interesante o cuando no haya títulos que le sirvan para guiarse, busque la oración principal. La mayor parte de los párrafos bien escritos contienen una oración importante que resume el contenido del párrafo entero. Se llama la oración principal. Con frecuencia, pero no siempre, la oración principal será la primera oración del párrafo.

En las secciones anteriores, dos oraciones principales son "Usted no desea conocer los detalles, sino el punto o la idea principal" y "Gran parte del material de un documento —en ocasiones casi todo— no versa sobre el tema que le interesa".

Las oraciones principales hacen que encontrar los pasajes que le interesan resulte mucho más fácil. Con un poco de práctica, usted aprenderá a detectarlas de un vistazo.

DUPLICADOR DE LA CAPACIDAD CEREBRAL #35

Detectar oraciones principales es algo muy fácil. Pruebe los siguientes pasos cuando tenga que encontrar información muy específica en artículos cortos, material sin títulos o dentro de una sección más larga de libros y documentos extensos.

I. Recorra la primera oración de cada párrafo.

2. Pase por alto aquellas que parecen centrarse en detalles específicos.

3. Busque la oración que contenga un enunciado general relacionado con su tema, por ejemplo, una tendencia general o un resumen o la importancia de un conjunto mayor de información.

Cuidado con los avisos que señalan un cambio de tema

Usted no tiene que leer todas las oraciones principales. Con sólo correr la vista hacia abajo, por el lado izquierdo de la página, usted podrá detectar los cambios de tema más importantes.

Ciertas palabras indican que una idea nueva está a punto de ser introducida o que el material de sustentación crucial está a punto de ser presentado. Normalmente, estas palabras están al inicio de los párrafos y se pueden detectar con facilidad.

Estas señales incluirían "Pero", "Sin embargo", "Por otra parte", "Siempre", "Aun cuando", "Cuando", "Si", "Necesariamente", "En pocas palabras" y "De hecho", entre otras. Cuando encuentre alguna, eche un segundo vistazo. El tema nuevo que le señala podría ser justo el que le interesa.

DUPLICADOR DE LA CAPACIDAD CEREBRAL #36

Los siguientes puntos le puede salvar la vida cuando tiene que encontrar algo muy específico en un documento muy extenso y tiene poco tiempo para hacerlo.

I. Busque las palabras importantes presentadas en la sección que antecede.

2. Cuando encuentre alguna, vaya con más calma. Es señal de que un tema o material nuevo está a punto de surgir.

3. Como siempre, cuando lea por encima, eche un segundo vistazo por el material. Si no hay nada interesante, siga leyendo por encima.

Capítulo 10

Evalúe lo que lee

Ya ha duplicado la capacidad de leer mejor y más rápidamente. Ahora váyase a lo grande. Multiplíquelo otra vez aprendiendo a separar la paja impresa casi al instante. No basta con sólo mirar de paso todos los datos impresos que le llegan a las manos todos los días. Resta otro paso. Le llevará del mero dominio de la cantidad, al dominio de la calidad.

A finales de los años ochenta, Ruth J., una amiga que acababa de heredar una cantidad considerable, del orden de 1,5 millones de dólares, se topó con una oportunidad para invertir que parecía estupenda. El dueño de una pequeña compañía de programas de software, con un programa de contabilidad realizado en DOS que se vendía muy bien, estaba buscando un socio con capital de trabajo para ayudar a la compañía a salir de un aprieto financiero. El hombre le dijo a Ruth que la compañía estaba sana, que la crisis se debía a que un distribuidor había quebrado y debía a la compañía de software casi un millón de dólares.

Ruth no era tonta. Se puso a estudiar las cosas —o cuando menos eso pensó— y, aparentemente, el presidente de la compañía hizo todo lo posible por ayudarla. Le entregó el informe anual de la compañía correspondiente al año anterior. Ruth leyó cada una de sus palabras. Estaba lleno de brillantes cuentas del éxito de la compañía en el pasado y de sus perspectivas para el futuro. Decía que los nombres de marcas de software que tenían éxito eran como los nombres de cereales para el desayuno que triunfaban: una vez que el público encontraba uno que le gustaba, seguía volviendo a comprarlo. Las cifras de las ventas del informe subrayaban esta premisa. A efecto de demostrar la calidad de su producto, el presidente de la compañía proporcionó a Ruth el nombre de varios diseñadores de software de primera línea y todos confirmaron que ésta permanecería a la cabeza de otros sistemas de contabilidad en DOS durante muchos años por venir. Ruth estaba convencida. Invirtió su herencia y ¡la perdió! A menos de 18 meses de distancia, el fabricante de software quebró. El software en DOS iba de salida; Windows de Bill Gates lo había eclipsado.

¿Qué salió mal? Ruth revisó toda la información relevante, ¿no es así? El problema no estuvo en la cantidad que leyó. Estuvo en su calidad. Pasó por alto el último paso —y el más vital— de la lectura. Leyó sin sentido crítico. No cuestionó ni evaluó lo que leyó. Un error entre otros de los que cometió fue que no tomó en cuenta la fuente de su información (la compañía necesitaba su inversión para seguir operando; evidentemente, pintaron el mejor cuadro posible); el hecho de depender de generalizaciones vagas (esas brillantes cuentas del futuro de la compañía omitían toda mención de Windows); el hecho de depender de un argumento por analogía (las hojuelas de maíz no pueden ser desbancadas por una nueva tecnología de un día para otro); el hecho de depender de información vieja (el informe del año anterior); y el hecho de dejarse impresionar por autoridades que, en realidad, no lo eran (los programadores de software sabían de la calidad del producto, pero no de la psicología del consumidor que llevaría a Windows a la cúspide).

El solo hecho de absorber montones de conocimientos, sin sentido crítico, no basta. Por desgracia, no es posible creer en todo lo que aprendemos, vemos y escuchamos. Dentro de la avalancha de hechos, cifras e ideas a los que estamos expuestos hay mucha información falsa. Nos bombardean con muchas cosas que no son fidedignas ni exactas, o con prejuicios y falsas.

En un mundo donde el éxito depende de estar al tanto de una abundancia de información que no tiene precedente, equivocarse al actuar con base en datos malos suele resultar desastroso. Lo anterior se aplica a todos los aspectos de nuestra vida. Desde los negocios hasta las carreras y lo íntimo personal, para tomar la decisión acertada, dependemos de obtener los datos correctos y de entender bien los datos.

La información se puede contaminar con mucha facilidad, a veces inocentemente; en ocasiones, con motivos ulteriores en mente. Sea como fuere, el resultado para nosotros es el mismo. Nos pueden engañar, manipular, llevar por el camino que no es el correcto o quedar peligrosamente mal informados.

Según Scott Witt, exitoso empresario y autor de libros sobre negocios y éxito personal, los datos falsos pueden contener la falsedad en varios sentidos:

- ❑ Datos proporcionados por personas que tienen un interés personal en el asunto.

- ❑ Observaciones hechas por personas que tienen escasa preparación o experiencia en ese campo particular.

- ❑ Datos preparados apresuradamente, que pueden contener errores de tipografía o números.

- ❑ Informes superficiales que no entran a fondo en el tema.

- ❑ Ideas preconcebidas que no estuvieron bien de origen.

- ❑ Anticuados.

Piense un momento en lo anterior. Todos conocemos a alguien que arrancó su propio negocio con grandes esperanzas, y encontró el fracaso debido a consejos equivocados o a la mala interpretación de detalles cruciales. Casi todos hemos sido objeto de un engaño deliberado, en algún sentido, a manos de una persona o empresa, sin escrúpulos, que deliberadamente nos engañó y estafó. Algunos hemos tomado una decisión clave y hemos encontrado más adelante, para nuestro mal, que estuvo basada en información vieja.

Una regla cardinal de la era de la información es jamás aceptar algo sin sentido crítico. De no seguirla, iríamos al desastre. Asegúrese de que lo que usted absorbe es exacto y actual antes de trabajar con ello. De lo contrario, será peor que inútil: será peligroso. Separar la paja de la información es el paso de mayor importancia. Es lo que diferencia al estudiante magnífico del maestro en flujo de información. Tampoco es demasiado difícil.

Catorce instrumentos comprobados le enseñarán a detectar lo falso tan pronto como se le presenta. Usted podrá evaluar el mérito del material —y, más importante aún, su falta de méritos— casi al instante en la mayoría de los casos. En pocas palabras, usted habrá dominado la cantidad de información que invade su existencia y habrá asegurado su calidad. Lo que otrora pareciera una montaña insuperable de información, ahora parecerá una pequeña colina.

Siete formas garantizadas para detectar información falsa, errónea y distorsionada

En la mayoría de los casos, determinar la validez de lo que usted lee y escucha no representa un proceso largo ni difícil. No tiene que sacar libros para investigar ni consultar en alguna otra fuente. Puede diferenciar lo bueno de lo malo a primera vista. Todas las veces que quede expuesto a ideas o datos nuevos, formúlese las siguientes preguntas, que le ayudarán a detectar el material malo 90 por ciento de las veces, sin que deba hacer mayor esfuerzo. Pregúntese:

- ☐ ¿Contiene conceptos indefinidos o términos ambiguos?
- ☐ ¿Cuál es la fuente de información?
- ☐ ¿Las aseveraciones contienen generalizaciones?
- ☐ ¿Depende primordialmente de analogías?
- ☐ ¿Está actualizado?
- ☐ ¿Es de primera mano o de segunda?
- ☐ ¿Contiene evidencia que lo sustenta o se trata sólo de un punto de vista?

¿Contiene conceptos indefinidos o términos ambiguos?

La información auténtica siempre se presenta con palabras y cifras concretas. Fíjese si contiene palabras ambiguas y expresiones vagas que quedan abiertas a la interpretación, particularmente del tipo que se podría interpretar de varias maneras.

DUPLICADOR DE LA CAPACIDAD CEREBRAL #37

Éstas son unas cuantas señales de alarma que nos avisan que el material que las sigue podría no ser tan confiable como parece: "muchos", "la mayoría", "las fuerzas del mercado", "los expertos dicen", "todo el mundo", "la justicia", "liberales", "conservadores". Asimismo, tenga cuidado cuando no se definen palabras técnicas o de uso poco frecuente. Usted no puede evaluar algo si no conoce el significado de algunas de sus partes.

¿Cuál es la fuente de información?

En ocasiones, las fuentes de información de un conferenciante o un escritor no son las adecuadas, tienen defectos o están decididamente equivocadas. Jamás confíe en datos si su fuente no está claramente especificada. Si se atribuyen en forma vaga o no se atribuyen en absoluto, hará bien en rechazar o desconfiar del material.

DUPLICADOR DE LA CAPACIDAD CEREBRAL #38

Fíjese si aparecen estas señales: "los expertos", "fuentes bien informadas", "una publicación nacional", "un noticiero de la televisión", "una publicación académica" y otros más. Si no se presenta la fuente, sospeche doblemente.

¿Hay generalizaciones?

Desconfíe de las generalizaciones, así como de las ideas o los argumentos que se basan en ellas. Las afirmaciones categóricas sobre grupos o individuos rara vez son válidas. La vida se presenta de muchísimas formas. No hay nada que sea aplicable a todo el mundo.

DUPLICADOR DE LA CAPACIDAD CEREBRAL #39

Ojo con generalidades como "los políticos son unos manirrotos", "los capitales golondrinos vuelan a la primera señal de problemas", "los trabajadores no son tan leales como antes", "las grandes empresas son desalmadas", "los abogados son una punta de ladrones", "los de su clase son vagos". Si puede añadir la palabra "todos" a una frase ("todos los trabajadores …", "todos los políticos …", "todas las mujeres …") se trata de una generalización que puede desechar sin problema.

¿Depende primordialmente de analogías?

Las analogías son decididamente poco confiables. Una analogía es una forma de ilustrar un punto o un asunto comparándolo con otra cosa de características similares. Presupone que como hay una relación entre las dos cosas, por tanto, deben ser parecidas en todos sentidos. No obstante, cosas diferentes jamás se pueden comparar del todo; siempre divergen en algún punto, de alguna manera. Administrar un negocio, en muchos sentidos podría ser como un combate con espadas de los samurais medievales de Japón. No se trata de un combate con espada y podría ser peligroso tomar decisiones empresariales basadas en los principios del antiguo *bushido*.

DUPLICADOR DE LA CAPACIDAD CEREBRAL #40

Tenga mucho cuidado con actos, pruebas y conclusiones que emanan exclusivamente de una analogía.

¿Está actualizado?

Las cosas cambian, las circunstancias se modifican, tecnologías e ideas nuevas desbancan a otras con velocidad asombrosa en esta era moderna. Cuando un dato o una cifra no están actualizados, bien podrían estar equivocados. Cuanto más vieja la información, tanto más probable será que haya quedado obsoleta.

DUPLICADOR DE LA CAPACIDAD CEREBRAL #41

Si una cita tiene más de unos cuantos años (unos cuantos meses en casos de campos que avanzan velozmente, como las computadoras), usted hará bien en tener cautela. Suscríbase o visite una librería o una biblioteca para conocer lo que tienen que decir las publicaciones más recientes del campo en cuestión.

¿Es de primera mano o de segunda?

La mejor información es la que presentan, de primera mano, las personas que saben exactamente de qué están hablando. Como ocurre en el caso de los chismes, cuanto mayor el número de personas por el que pasa una información antes de llegarle a usted, tanto mayor será la posibilidad de que contenga errores, intencionales o no. Los periódicos y las revistas de circulación general normalmente obtienen su información leyendo libros de expertos o entrevistando a expertos (que, con frecuencia, son citados con error). Un artículo basado en un relato de periódico o de revista aumenta la probabilidad de que lo que se está diciendo podría tener fallas graves. Lo mismo ocurre con los datos repetidos por un orador, de segunda, tercera o cuarta mano, o a veces incluso más.

DUPLICADOR DE LA CAPACIDAD CEREBRAL #42

Cuando sea crucial que la información esté actualizada, no la acepte de entrada. Tómese tiempo para localizar a la persona o el estudio originales (las bibliotecas y el Internet son magníficos para hacerlo) y asegúrese de que lo que le informan otros es correcto.

¿Contiene pruebas que lo sustenta, o se trata de un punto de vista?

Una desventaja de la era electrónica es que por todos los frentes nos atacan con puntos de vista personales disfrazados de hechos. Sólo serán opiniones personales, a no ser que el autor o conferenciante presente cifras específicas, encuestas, fuentes o casos reales. Todo lo demás son suposiciones no sustentadas. Sin experiencias o datos comprobables, la opinión de una persona no es mejor que la de otra. Los puntos de vista pueden ser ilustrativos, pero no los confunda con hechos.

DUPLICADOR DE LA CAPACIDAD CEREBRAL #43

No es sensato proceder con base en algo que nada más está fundamentado en la opinión personal de un tercero.

Detecte la información manipulada

En el 95 por ciento de los casos en los que encuentre algo que vale la pena anotar, recordar o usar, las siete preguntas que anteceden le indicarán si es falso o no. Sin embargo, algunos escritores, autores y conferenciantes son expertos en alterar los hechos y sesgar las palabras para llegar a conclusiones equívocas y que tienen intenciones ocultas. No obstante, usted puede desenmascarar sus intentos por engañar, equivocar y explotarle. Es muy fácil detectar la manipulación de información siempre, si usted conoce las pistas que la desenmascaran.

- ❏ Detecte "pruebas manipuladas".

- ❏ Detecte "distracciones".

- ❏ Detecte "intenciones de desprestigio".

- ❏ Detecte "argumentos pasionales".

- ❏ Detecte "conminaciones a la autoridad".

- ❏ Detecte "conclusiones equivocadas basadas en argumentos falsos".

Mi amiga la doctora Samantha N., médica general, enfrentaba montañas de folletos que las compañías farmacéuticas le enviaban por correo todos los días. Todos ellos hablaban de los beneficios de sus medicamentos. La escuela de medicina le había enseñado a curar a la gente, pero no le dijeron nada de cómo evaluar los jerigonzas de ventas de las compañías farmacéuticas. Samantha salió de uno de mis seminarios de California armada con los conocimientos necesarios para detectar la manipulación de la información. Tres semanas después, llamó para decirme que esos conocimientos le habían permitido identificar afirmaciones falsas y productos dudosos. Samantha dijo que, cuando empezó a hacerlo, advirtió que algunas compañías presentaban sus datos de manera más engañosa que otras. Pensaba escudriñar con sumo cuidado cualquier medicamento que procediera de sus laboratorios antes de usarlo.

Detectar "pruebas manipuladas"

Los manipuladores de información son amos para presentar exclusivamente aquel material que respalde sus ideas. Deliberadamente excluyen todos los datos incómodos que las contradicen. (Y como todo en la vida tiene dos caras, siempre se puede decir algo a favor del otro lado.) Por ejemplo, ¿qué pasaría si alguien quisiera convencerle de que su seminario para preparar gerentes es muy efectivo? El folleto estaría lleno de brillantes declaraciones de las personas que han alcanzado el éxito al poner en práctica los principios del seminario. Parecería que sí vale la pena. No obstante, estas personas podrían sumar apenas unos cuantos de entre cientos o miles. Muchos más podrían haber tenido justo la experiencia contraria; tal vez hayan encontrado que lo aprendido en el seminario no servía para la vida real. (Además, los triunfadores bien pueden haber alcanzado el éxito debido a su talento personal, a pesar del seminario, en lugar de gracias a él.)

DUPLICADOR DE LA CAPACIDAD CEREBRAL #44

Recuerde siempre que existe el otro lado del caso. Búsquelo y lo encontrará.

Detecte "distracciones"

Los manipuladores de la información tratan de distraer su atención para que no encuentre huecos en su argumento o para que no haga preguntas lógicas respecto a sus afirmaciones, que de lo contrario podrían brincarle en la mente. Hay personas que los llaman "falsos indicios". El ejemplo clásico sería el del orador al que se le ha planteado una pregunta embarazosa y que cambia de tema porque no se atreve a contestarla. "Todos estamos de acuerdo que los ingresos de la compañía podrían haber sido mejores este año. Sin embargo, plantear dudas sobre malos manejos es llegar al extremo. Después de todo, muchos otros negocios registraron una caída. El panorama económico, como todos sabemos…"

DUPLICADOR DE LA CAPACIDAD CEREBRAL #45

Cuando alguien presenta un asunto que al parecer no guarda relación con el tema central, estará intentando desviarlo de la pista. Tenga cuidado con lo siguiente.

Detecte "intenciones de desprestigio"

Cuando las cosas se ponen rudas, los manipuladores de la información se ponen más rudos. Si no pueden fundamentar su posición y un rival es mejor, pasan por alto los temas y empiezan a desprestigiarlo. Un vendedor que realiza una presentación ante un cliente importante podría tratar de descartar una pregunta planteada por un vendedor rival, argumentando que el otro hace la pregunta con fines mercenarios. Si bien puede ser cierto que la persona que hace la pregunta tenga un interés personal en el asunto, su punto no dejaría de ser válido por ello.

DUPLICADOR DE LA CAPACIDAD CEREBRAL #46

Cuando detecte descalificaciones, ¡tenga mucho cuidado! La persona que arroja la mugre oculta algo que no quiere que usted sepa.

Detecte "argumentos pasionales"

Los manipuladores de la información también son expertos en despertar pasiones para llevarnos a su causa o para ponernos en contra de otra. Las palabras no sirven sólo para transmitir hechos. También transmiten sentimientos. A nadie le gusta que le digan "tonto". Ello despierta el sentimiento de la ira. Es probable que las palabras "niño llorón" despierten fuertes emociones en casi todo el mundo. Cuando alguien quiere desactivarle sus facultades críticas, de tal manera que usted no note huecos importantes en sus afirmaciones, salpicará sus palabras generosamente con llamados cargados de pasión. Escuchar a alguien que dice "la actitud derrotista está socavando la posición de toda la compañía", resulta muy inquietante. Sin embargo, ¿es verdad o es que la persona que está lanzando la acusación está tratando de ocultar sus malos resultados?

DUPLICADOR DE LA CAPACIDAD CEREBRAL #47

Cuando detecte argumentos cargados de pasión, ignórelos. Busque la verdad en otra parte.

Detecte *"los avales de una autoridad"*

A los manipuladores de la información les encanta deslumbrarle con recomendaciones de los famosos y los expertos. Un manipulador de la información podría decir: "El profesor Schmitz, de Harvard, tiene la misma posición." No obstante, un catedrático de mercadotecnia no siempre sabrá qué funciona en la práctica. Por otra parte, en ocasiones, los expertos también se equivocan. Es más, en ocasiones, las personas tergiversan las palabras de autoridades. En ocasiones, incluso las entienden justo al contrario.

DUPLICADOR DE LA CAPACIDAD CEREBRAL #48

Cuando un argumento dependa totalmente de lo que dice una autoridad eminente, el caso no estará muy claro. Váyase con tiento, sea escéptico. Es probable que esté caminando sobre arenas movedizas de la información.

Detecte *"conclusiones erróneas basadas en argumentos falsos"*

Con todo esto, los manipuladores de la información tratan de llegar a conclusiones falsas basadas en datos equivocados y argumentos falsos. La idea general es distraer su atención lo suficiente como para impedir que usted encuentre debilidades en su posición, despertando sus emociones con comentarios de desprestigio, palabras y citas de autoridades. Se trata de estrategias frecuentes en las ventas, la política y la publicidad. La compañía de software le pareció una inversión atractiva a Ruth porque la información defectuosa había sido manipulada deliberadamente con el propósito de producir una falsa imagen del potencial de la compañía.

DUPLICADOR DE LA CAPACIDAD CEREBRAL #49

Cuanto mayor sea la cantidad de destructores de material malo que encuentre en su lectura, tanto más cuidadosamente tendrá que escudriñar las conclusiones. La mayoría de las veces encontrará que, en algún punto, hay falsas declaraciones.

Cuando haya duda, ¡averigüe!

No hay fuentes seguras. Según artículos de periódicos, hace algunos años un empresario estuvo a punto de tomar una decisión fatal, basándose en las cifras presentadas en el *Statistical Abstract of the United States* del año. Este importante documento contiene las estadísticas demográficas consultadas por la iniciativa privada y los organismos de gobierno. Es publicado por la imprenta oficial del gobierno de Estados Unidos. Por mera suerte, el empresario encontró que había un error de un punto decimal en las estadísticas referentes a ciertos tipos de producción de plásticos. Una mayor investigación, muy comentada, encontró que esta publicación fundamental estaba plagada de cientos de errores, grandes y pequeños.

No debe confiar en la suerte para su salvación. Con los detectores de material malo que ha adquirido, podrá discernir cuál es información auténtica y cuál falsa, salvo en contadas excepciones. Cuando sea importante, cuando la información sea crítica, constate dos veces. Visite una biblioteca, entre a World Wide Web, pregunte a un amigo o al amigo de un amigo que sea experto.

Duplicador de la capacidad cerebral #50

Casi cualquier hecho, cifra, nombre o dato que usted haya querido conocer jamás se puede conseguir, fácilmente, gracias a las computadoras y las redes de datos, y ahora casi todas las ciudades tienen bibliotecas con computadoras que se pueden encargar de buscarlos rápidamente para usted. La cosecha anual de soya, la cantidad de días que llueve en la ciudad de Iowa, cuánto se gasta en publicidad impresa en Norfolk, Virginia, estarán a su alcance en un tiempo de entre 20 segundos y 20 minutos.

La era de la información tal vez imponga muchas demandas, pero también ofrece muchas oportunidades. Ahora que cuenta con los instrumentos y los conocimientos para manejar la cantidad y la calidad de la información que recibe, podrá emplear, a guisa de potentes auxiliares, las mismas computadoras, faxes, canales de cable, módems y demás instrumentos que, antes, amenazaron con abrumarle. Estos fabulosos canales de información nuevos fluyen en dos sentidos: de ellos hacia usted y viceversa. Aprovéchelos y obtendrá justo la información que desea, cuando la desea y entregada a la punta de sus dedos. La conquista de la era de la información no podría ser más fácil.

Capacidad para escuchar

Capítulo 11

Capacidad instantánea
para escuchar

¿Sabe usted cuál es el campo de la industria editorial que viene creciendo con mayor velocidad? ¡Los audiolibros! El trabajo, la recreación y la vida familiar nos imponen tantas demandas en estas fechas que carecemos de tiempo para leer. Cada vez, según confirman las estadísticas, dedicamos media hora más todas las mañanas y todas las tardes a trasladarnos entre nuestro trabajo y nuestra casa. Atrapados en el auto, con todo ese tiempo en las manos, la mayoría estamos acudiendo a los audiolibros que nos permiten aprovechar más las horas que dedicamos a transportarnos. (Con grabadoras, los que recorren las vías del tránsito masivo, así como los corredores, los ciclistas y otros aprovechan, mediante audiocintas que sirven para instruir, inspirar y educar, un tiempo que de otra manera se perdería.)

El inconveniente de la mayor parte de los enfoques para aumentar la capacidad del cerebro es que concentran la atención casi totalmente en la lectura. No obstante, las estadísticas —y un mínimo de razonamiento— indican que absorbemos el triple de información escuchando —en juntas, conferencias, conversaciones, radio, televisión, audiocintas, etcétera— que leyendo. No tiene sentido dirigir toda nuestra energía a mejorar la capacidad para leer, cuando el mismo esfuerzo, pero aplicado a escuchar, podría multiplicar 300 por ciento la capacidad de nuestro cerebro.

Son pocas las personas que tienen conciencia de que el hecho de no escuchar bien nos impide escuchar y retener información vital, y que ello se convierte en un obstáculo para el éxito profesional y personal. Las relaciones con nuestros seres queridos dependen de que sepamos escuchar lo que necesitan, sea expresado mediante palabras o más sutilmente mediante tonos e indicios parciales. Los negocios no son mucho más que una marea constante de conversaciones que sube y baja, llamadas telefónicas, juntas, presentaciones y demostraciones, todas ellas realizadas por medio de la palabra hablada.

Entonces, ¿en qué consiste saber escuchar? Ya ha cerrado la boca y se ha concentrado con atención. ¿Qué más implicaría? Evidentemente, usted oye cuando otros hablan. Pero, ¿sabe escuchar adecuadamente? ¿Escucha todo lo que dicen? ¿Lo entiende cabalmente?

A diferencia de lo que se suele creer, para ser un buen oyente se requiere mucho más que guardar silencio mientras el otro habla. Escuchar bien es un arte muy difícil. Comprenderá lo complicado que es con sólo tratar de repetir con precisión los puntos clave de una conversación o una conferencia apenas una hora después.

Archie Goodwin, el narrador y segundo héroe de la famosa serie de misterio de Nero Wolfe, era el típico detective rudo, pero con una diferencia. El temible señor Goodwin había adquirido la capacidad para repetir textualmente cada una de las palabras de cada conversación que escuchaba, con inflexiones y todo. Esta característica resultó inapreciable para su patrón, el inefable Nero Wolfe, quien jamás abandonaba su residencia personal por un caso, confiando en que Goodwin visitaría la escena del crimen y actuaría como una grabadora humana a su servicio.

A muchos nos habría gustado tener el talento especial de Archie Goodwin. ¿A quién no le gustaría multiplicar su capacidad para escuchar y recordar cada una de las palabras pronunciadas por un jefe, compañero, cliente, conferencista o enamorado? ¡Qué impulso le daría eso a su capacidad mental! ¡Qué ventaja le daría en la vida!

Por fortuna, las capacidades de Archie Goodwin no se limitan a la ficción. Cualquiera las puede adquirir. Investigadores, como J. J. Allen, catedrático de psicología, llevan muchos años estudiando cómo podríamos escuchar en forma más efectiva. Han descubierto que para ser un oyente efectivo, es necesario:

- Superar los hábitos mentales negativos que impiden que escuchemos atentamente.
- Absorbernos en lo que se dice.
- Detectar la idea principal.
- Tener cuidado de no reaccionar demasiado rápido ni de sacar conclusiones precipitadas.

❑ Evaluar la experiencia del orador.

❑ Determinar la importancia que debemos conceder a las palabras del orador.

En este capítulo y en los dos siguientes se presentan estrategias y ejercicios que aumentarán inmensamente su capacidad para prestar atención, entender y recordar aquello que escuche. En pocas palabras, para convertirse en un buen oyente al instante.

Genere interés

Whitley tan sólo tenía que aprobar su examen ante el colegio de abogados; lo había reprobado dos años antes. Lo esperaba un atractivo puesto con su padre, director de un exitoso despacho especializado en el campo de las lesiones. Hasta ese momento, Whitley había estado castigado a recibir una mísera pensión y había tenido que darse de baja del gimnasio, había renunciado a la compra de los famosos trajes de Armani y se había abstenido de gastar en otras excentricidades.

Jamás entendí cómo había terminado Whitley sus estudios en la escuela de derecho. A Whitley no le interesaban las leyes ni ser abogado. Quería dedicarse a manejar capital de riesgo y a iniciar pequeñas empresas de tecnología avanzada, así como otras actividades empresariales.

Con el propósito de que Whitley saliera bien en sus exámenes ante el colegio de abogados, su padre lo envió a un curso especial el fin de semana justo antes de los exámenes. Ahí escuchó a un conferencista tras otro y una presentación tras otra, que le refrescaban al público los puntos esenciales que debían saber para aprobar los exámenes. Whitley puso su mayor esfuerzo para concentrarse en cada palabra, consciente de cuánto dependía de ello.

Cuando llegó la hora de los exámenes, ocurrió lo mismo de siempre. Whitley volvió a reprobar. "Me esforcé", me diría después lastimeramente. "De verdad que traté de concentrarme en todo ese material aburrido sobre juicios y lesiones, así como en los 'intríngulis' de las leyes. Pero, cuando me senté a presentar el examen, por alguna razón, había olvidado todo."

De una manera u otra, en mayor o menor grado, todos hemos vivido esto mismo. Escuchamos una presentación importante o vemos una cinta respecto a un tema que no nos interesa o que estamos seguros de que nos aburrirá. A pesar de nuestro mejor esfuerzo por absorber y retener todo, cuando llega el momento clave somos incapaces de recordar una sola palabra y sólo guardamos un vago recuerdo de lo que se decía en ella.

Compare esta situación con otra en la que alguien haya sido sumamente cruel con usted —incluso remontándose a su niñez—, pero que usted recuerda casi con todas sus palabras. Piense en otro ejemplo: la mayoría de las personas recuerdan textualmente las palabras que pronunciaron cuando se comprometieron con su cónyuge o cuando se comprometieron para el matrimonio. O la ocasión en que se le ocurrió una magnífica línea ante un insulto y pudo repetirla palabra por palabra para divertir a sus amigos muchos años después. O la ocasión en la que el campeón de la NFL le describió en persona el "touchdown" que significó el triunfo, y usted seguramente sigue recordando cada palabra.

¿Dónde está la diferencia? En todos los casos en los que recuerda vívidamente las palabras del orador, usted tenía un interés personal en lo que se decía. Como en el caso de las otras formas de la capacidad de la mente, la clave para multiplicar su capacidad para escuchar está en la participación personal.

Claro que la participación personal está presente cuando escucha algo que le absorbe. Pero, ¿qué pasa con el material aburrido? ¿Cómo se genera el tipo de participación personal que grabará a fuego las palabras en su memoria cuando las personas recitan fríos datos y cifras, o cuando el tema en cuestión no le apasiona?

Bueno, como dijera en cierta ocasión G.K. Chesterton: "No hay nada que se pueda considerar un tema poco intersante; sólo hay personas que carecen de interés." Todo tema tiene un ángulo interesante, y todo tema tiene ciertas repercusiones en su vida. El desafío radica en encontrar esos elementos; después, usted ya no tendrá que preocuparse de que se le olvide lo que se dice. Se le pegará cada una de las palabras.

Lograr una participación personal como ésta resulta más fácil de lo que podría suponer. Los psicólogos Mihaly Csikszentmihalyi y Dominick A. Barbara, al buscar qué nos hace escuchar bien, se tropezaron con una fórmula casi mágica que cualquiera puede usar para convertir lo que se considere un "filón poco interesante" en "oro para escuchar". Cuando le parezca que lo que se está diciendo es aburrido o poco interesante, los siguientes pasos son una garantía que le ayudará a encontrar la relación personal vital con el tema en cuestión.

❏ Haga a un lado sus prejuicios de que ciertos temas son aburridos.

❏ Busque aquello que tiene consecuencias para su vida o que le podría resultar valioso; está ahí y usted lo encontrará.

El siguiente ejercicio demuestra que estos principios pueden producir una emoción e interés, aun cuando el orador o el tema parezcan muy aburridos.

DUPLICADOR DE LA CAPACIDAD CEREBRAL #51

Emplee esta estrategia para aumentar su capacidad para escuchar, interesándose y quedádose sintonizado con lo que se dice en juntas, seminarios o conversaciones informales.

1. Haga a un lado sus prejuicios de que algunos temas son aburridos o carentes de inspiración o interés para usted. (Le dije a Whitley que su idea de que las leyes sobre lesiones eran aburridas y de que carecían de importancia para su futuro le había impedido escuchar los datos cruciales relacionados con la profesión que deseaba ejercer.)

2. Escuche en busca de los elementos que repercuten en sus campos de interés o planes futuros. (Si Whitley no hubiera decidido de antemano, tal vez se habría dado cuenta de que una indemnización cuantiosa o una demanda por lesiones podría hacer quebrar a una compañía pequeña de pocos recursos, a no ser que la compañía estuviera muy bien asegurada. Si hubiera prestado mayor atención a lo que se dijo en el seminario, habría aprendido mucho de la amenaza que estas demandas podrían representar y de cómo prepararse mejor para enfrentarlas o para evitarlas en caso de que, de hecho, participara en el financiamiento de una empresa nueva.)

Ponga a funcionar la mente

¿Cuánto recuerda a la mañana siguiente de lo que oye en un día? Este repaso mental instantáneo le ofrecerá la respuesta: anote todo aquello que recuerde que le dijeron, entre la mañana y la tarde del día de ayer.

Salvo que sea una persona excepcional, tal vez haya recordado la mayoría de las cosas importantes, pero no los cientos de detalles. ¿Por qué no? La respuesta tal vez le asombre. Muchos dirían que se debe a que las personas hablan demasiado rápido y que es posible desacelerarlas de modo de poder concentrarse en los detalles "como se hace al leer un libro".

Por desgracia, las investigaciones científicas nos dicen que es justo lo contrario. La mayoría de las personas hablan a un ritmo de unas 150 palabras por minuto. Alguien que habla muy rápido llega a unas 200. Sin embargo, el cerebro es capaz de interpretar y entender unas 500 palabras por minuto, lo que quiere decir que usted cuenta con tiempo suficiente para absorber cada palabra (incluso tiempo para pensar en dos ideas entre cada palabra). Más asombroso aún: la mayoría leemos a un ritmo de unas 350 a 500 palabras por minuto, velocidad muy superior a la de la gente al hablar.

Entonces, ¿por qué no recordamos muy bien lo que escuchamos? Primordialmente porque no prestamos debida atención a lo que oímos. El acto de leer requiere que nos concentremos en cada palabra, su significado y su interpretación según el contexto con las palabras que la acompañan en los dos extremos. Evidentemente, lo que leemos se imprime profundamente en la mente.

Si escucháramos en forma tan activa como la que empleamos para leer, retendríamos mucho más de lo que oímos. Pero la mayoría escuchamos pasivamente. Tan sólo dejamos que las palabras entren por un oído y, caso nada raro, éstas tienden a salir por el otro.

Abordamos el acto de escuchar como si fuéramos una esponja y esperamos que el cerebro, de alguna manera, absorba las palabras. Al parecer, jamás se nos ocurre que la única manera en que "sacaremos sustancia" es poniendo nuestra mente a trabajar —y mantenerla funcionando— sintonizándonos activamente con cada una de las palabras que se pronuncian. No es sino cuando seguimos de manera activa las palabras, pensamientos y significados del orador que podemos decir en realidad que las estamos "escuchando".

Aplique cualquiera de las seis técnicas siguientes para que su mente participe activamente y se "sintonice" con lo que se está diciendo. Cualquiera de ellas, sola, duplicaría la capacidad mental. Use las seis y no sólo se convertirá en un "buen" oyente, sino que será un "superoyente".

❑ Escuche en forma activa; escuchar en forma pasiva hace que lo que oye por un oído le salga por el otro.

❏ Pregúntese qué trata de decir el orador; le mantendrá pensando en lo que está oyendo.

❏ Escuche con sus sentimientos; éstos pueden responder a pistas que su mente consciente dejó pasar.

❏ Pregúntese constantemente si entiende lo que se dice; si deja pasar puntos clave, irá entendiendo cada vez menos de lo que siga.

❏ Escuche para detectar algo sobre lo que pueda hacer un comentario inteligente; la interacción personal hace que usted participe más.

❏ Ciérrese a las distracciones. Permitir que su atención se centre en trivialidades, como el aspecto del exponente, los ruidos casuales, una silla incómoda o un dolor de muelas pueden hacer que deje pasar información importante.

Escuche en forma activa

Escuchar requiere algo más que oír pasivamente las palabras que está pronunciando alguien. Una grabadora podría hacerlo. Una manera de asegurarse de que se está concentrando conscientemente en lo que el conferenciante dice consiste en tratar de "llenar los espacios en blanco", adelantando lo que, en su opinión, dirá a continuación el exponente. Esto lo mantendrá mentalmente interesado, pensando y escuchando activamente.

Pregúntese qué trata de decir el conferenciante

Sólo 10 por ciento de lo que dicen la mayoría de los oradores es crucial; el resto son anécdotas ilustrativas, intentos humorísticos, explicaciones adicionales y transiciones de un tema a otro. La mente responde más plenamente a aquello que es más importante. Concéntrese en la parte que sea vital, el mensaje básico de un punto dado cualquiera. Trate de replantear, constantemente y en sus propios términos, lo que está diciendo la otra persona. Tómese tiempo para pensar para sus adentros: "Creo que con esto el orador quiere decir que...". Analice la lógica de las oraciones, la elección de palabras, los datos presentados. ¿Qué propósito general persiguen? Cuando haya entendido la esencia, los detalles tendrán sentido y usted sabrá cómo responder.

Escuche con sus sentimientos

No escuche sólo con su intelecto. Sus sentimientos también cuentan. Surgen del inconsciente profundo, donde las pistas sutiles que podría dejar pasar con su mente consciente, se suman por debajo del nivel de la conciencia. Los sentimientos le pueden decir tanto como el razonamiento. Cuando usted se siente cómodo o incómodo con el exponente o con algo que ha dicho, ello será una pista de que su inconsciente ha sumado dos y dos y ha llegado a una evaluación positiva o una negativa.

Entienda lo que se dice o pida aclaración

Cuando no entendemos lo que se dice, la mente se inquieta y se aburre; la capacidad para escuchar cae en picada. Pregúntese todo el tiempo si entiende lo que se expone. Si no puede repetir en sus términos y con claridad el punto de vista del orador, entonces algo anda mal. Usted tal vez no haya entendido lo que se dijo, o el conferenciante no se expresó con suficiente claridad. Cuando esto ocurra, no dude. Si las circunstancias lo permiten, pida una aclaración. Siga preguntando hasta estar seguro de que ha entendido completamente. No se conforme con entender sólo la mitad y pretender que entiende todo, sólo porque no quiere invertir mucho tiempo.

Haga un comentario inteligente

Con el propósito de mantener su atención activa en lo que se dice, adéntrese en el procedimiento. Cuando la situación lo permita, ofrezca su perspectiva respecto a lo que se está diciendo. Siempre que una afirmación o estadística da lugar a una corriente de ideas relacionadas o atraviesa por un campo en el que usted es experto, comparta sus ideas o puntos de vista. Añada material de apoyo, corrija una falsa afirmación, presente un punto de vista diferente. La interacción con el orador, así como con otros oyentes, generará interés mental.

Ciérrese a las distracciones

Toda situación en la que hay alguien hablando está llena de distracciones en potencia. Quizás haga demasiado frío o calor, el público tal vez esté inquieto o haciendo ruido, podría haber ruidos molestos producidos por trabajadores en la habitación adyacente. Los mismos oradores, con frecuencia, son fuente de distracción. Tienen molestos manerismos físicos, por ejemplo, toses, tics, movimientos nerviosos, mascullan palabras, hablan de manera poco inspiradora, tienen un aspecto desagradable, y muchas más. No obstante, cada vez que permite que las distracciones desvíen su mente de lo que se dice, mengua su capacidad para escuchar. Deje que una distracción se interponga entre usted y el mensaje el tiempo suficiente y la cantidad que recuerde de lo que se ha dicho será casi nula.

DUPLICADOR DE LA CAPACIDAD CEREBRAL #52

Salga de esa junta de ventas, ese seminario sobre administración, esa discusión improvisada sobre el presupuesto, ese discurso político público con todo lo importante guardado en la mente. Haga una lista de su participación mental con estos seis pasos; cada uno de ellos garantiza su conversión de un oyente pasivo en uno activo. De ahora en adelante, cuando escuche algo importante:

1. Escuche en forma activa. Trate de "llenar los espacios en blanco" adelantándose a lo que dirá el orador. (Si éste ha estado presentando estadísticas que ligan el hecho de fumar cigarrillos con el cáncer pulmonar y el enfisema, ¿cómo esperaría usted que termine la siguiente oración? "La única causa de muerte importante que se puede prevenir, en Estados Unidos es _____.")

2. Pregúntese qué punto general o específico trata de comunicar el orador. Trate de expresarlo con sus propias palabras. (Por ejemplo, el orador tal vez diga: *"La producción de un periódico* es una videocinta nueva, que dura media hora, y muestra cómo el periódico lleva todos los días a sus lectores noticias e información. Enseña cómo opera una sala de noticias, cómo se seleccionan los artículos, cómo deciden los articulistas sobre qué escribirán, cómo se incluyen artículos, fotografías y publicidad, cómo se imprime el periódico y cómo se distribuye entre los lectores. El vídeo es magnífico para escuelas, anunciantes en potencia, personas interesadas en hacer carrera en un periódico o incluso para personas que escriben o graban cintas sobre ellos". Usted podría expresarlo para sus adentros diciendo: "Se trata de un vídeo que muestra todo respecto a la producción de un periódico, desde los artículos hasta la impresión. Será muy útil para las personas que necesitan saber o tienen curiosidad respecto a los periódicos.")

DUPLICADOR DE LA CAPACIDAD CEREBRAL #52 (cont.)

3. Escuche con sus sentimientos. Deje que ellos le indiquen las cosas que su mente dejó pasar. (Cuando lo que dice un orador le produce una notoria sensación de que "está bien" o "está mal" —o cualquier otra sensación— sin que usted haya notado nada en las palabras del orador, repase detenidamente el último par de minutos. Es probable que encuentre algo importante que usted no captó conscientemente cuando lo tuvo presente la primera vez.)

4. Pregúntese permanentemente si entiende lo que se está diciendo. (Es fácil confundirse cuando un orador empieza a hablar de "metaconocimiento" y si usted no entiende no lo recordará con claridad. Si pide una aclaración y le explican que, por ejemplo, sólo se trata de una palabra elegante para "pensar en el pensamiento", le será fácil entender de qué se está hablando.)

5. Escuche para ver si se presenta la ocasión de ofrecer un comentario inteligente. Por otra parte, haga una pregunta, señale un error, cuente una anécdota ilustrativa. (Por decir, un experto habla de la necesidad de recordar que los edificios de oficinas más altos o el hogar más pequeño son habitaciones para personas y que los arquitectos no deberían olvidar cuando diseñan un edificio las necesidades humanas, comunes y corrientes. Usted tal vez no sepa mucho de arquitectura, pero la afirmación le despierta el recuerdo de un incidente tonto que leyó en periódico local, cuando visitaba Sacramento, California. Al parecer, el arquitecto que diseñó la nueva biblioteca olvidó incluir baños en los planos; como no leía mucho, jamás se le ocurrió que alguien pasaría tanto tiempo en una biblioteca como para necesitar estas instalaciones. Usted comparte la anécdota con el orador y el público. Todo el mundo ríe. El orador dice que ése era justamente el punto y añade otro ejemplo igual de claro.)

6. Ciérrese a las distracciones. Si usted se distrae con facilidad, tal vez tarde un poco en manejar la situación. Aplicar todas las estrategias anteriores le ayudará a concentrarse mejor en lo que se dice, a pesar de la distracción. El resto sólo consiste en entrenar su atención. Cada vez que encuentre que algo está distrayendo su atención de las palabras del orador, haga un esfuerzo consciente por concentrarse de nueva cuenta en las palabras. Haga lo anterior con bastante frecuencia y, en breve, tendrá la costumbre de mantener su atención concentrada en el orador, independientemente de cómo actúe o de qué ocurra en su alrededor).

Capítulo 12

Cómo escuchar en los diálogos

Más del 50 por ciento de la información que recibimos se presenta cuando dialogamos, en forma de interacciones directas con otra persona (o personas): un compañero que se presenta para revisar una tarea de los dos; el supervisor que convoca a todo el mundo para ofrecer una charla; el ejecutivo de la oficina matriz que explica cómo funcionará el nuevo sistema de nómina bimestral; un conferencista que hace preguntas; incluso la madre que detalla una importante genealogía familiar. En ocasiones, no basta con un buen oyente, porque escuchar es una calle de dos sentidos. En la ecuación hay otra persona. En gran medida, la calidad del orador determinará la calidad de su experiencia.

Veamos el caso de Mishka, vicepresidenta encargada de la planeación estratégica de una empresa de ingeniería que vale muchos millones de dólares. Todo el mundo pensaba que la compañía debería tener presencia en la World Wide Web; pero nadie sabía suficiente sobre esta red como para contestar algunas preguntas clave: ¿podrían esperar que la inscripción aumentara los ingresos o sólo que sirviera como instrumento de promoción? ¿Cómo se podría diseñar una página base de Web que atrajera el tipo específico de empresas fabriles que podrían requerir sus servicios? ¿Cuánto trabajo implicaría de su parte y quién sería la persona más indicada para supervisar la página de Web?

Por fortuna, uno de los principales expertos en cómo podría un negocio sacar el mayor provecho de la Web estaba a punto de impartir un seminario de un día de duración en su ciudad. La empresa delegó a Mishka la responsabilidad de asistir y de regresar con respuestas para todas sus preguntas.

Mishka sólo tendría una experiencia decepcionante. Descubrió que la persona que impartía el seminario era experta en ganar dinero con Web, como se anunciaba. (Había convertido una empresa, fabricante de agujetas, en un negocio de 40 millones de dólares al año mediante un uso innovador, de avanzada, de su tierra natal.)

No obstante, era un pésimo presentador. El hombre que Mishka había ido a escuchar hablaba mucho y se salía del tema, mascullaba las palabras y, evidentemente, se sentía incómodo ante el público. Aun cuando las personas le hacían preguntas directas, él nunca lograba transmitirles su punto de vista. Aunque el expositor tal vez sabía todo lo que se puede saber respecto a cómo mejorar los intereses empresariales mediante Web, era muy poco lo que lograba transmitir.

Mishka regresó del seminario profundamente molesta. Sentía que había perdido una oportunidad que se presentaba rara vez y que la experiencia entera había sido una pérdida de tiempo. Mishka sabía que tendría que invertir mucho tiempo investigando para averiguar lo que el presentador del seminario sabía, pero no había podido expresar.

Aceptémoslo. Hay personas que son muy malos oradores. Bien tienen dificultad para expresarse, bien pasan al otro extremo y sueltan la lengua sin llegar a un punto concreto.

Aparte de que nuestras habilidades para escuchar puedan ser magníficas, tal vez resulte casi imposible obtener algo útil de una persona así. Usted tal vez aplique toda la capacidad de su cerebro para escuchar lo que se diga, pero la verdad es que el orador no dice nada que valga la pena escuchar.

Evidentemente, la mayoría de los oradores no son tan malos. Los oradores problemáticos se ubican en dos extremos: los que hablan muy poco y los que hablan demasiado. Yo los llamo "el reacio" y "el parlanchín". Sin duda, usted los ha visto muchas veces.

❏ Los oradores reacios, por el motivo que fuere, sólo hablan o contestan con más que unos cuantos monosílabos y pronuncian esas palabras con gran dificultad.

❏ Los parlanchines hablan y hablan, en ocasiones en forma entretenida, sin jamás decir nada que tenga sustancia.

Normalmente, al igual que le ocurrió a Mishka, uno sale de encuentros con estos oradores con las manos vacías. Uno se siente engañado cuando la experiencia prometía mucho más de lo que brindó. Además, como en el caso de Mishka, uno siente la frustrante certeza de que ese pan sí tenía miga, pero que uno no supo cómo sacarla.

Usted no tiene por qué salir de un encuentro así, sin nada para demostrar su presencia en él. No tiene por qué sentir que son oportunidades desperdiciadas. Así como aplica presión con un cascanueces para abrir el pan y sacar la miga, usted puede multiplicar su capacidad para escuchar aplicando presión para extraer trocitos de sabiduría hasta del orador más inepto.

Los psicólogos han inventado una especie de *jiu-jitsu* lingüístico diseñado para extraer información hasta de los peores oradores. No importa dónde se encuentre usted: una conferencia, una llamada telefónica, una junta improvisada en la oficina o una junta del consejo de administración. Cuando la interacción es adecuada —trátese de un periodo de preguntas y respuestas al término de ésta, o simplemente un plazo abierto para todos— estas tácticas orales garantizarán que la calidad del orador jamás vuelva a determinar la calidad de su experiencia.

Los cinco domadores del silencio

El problema de Mishka era el orador reacio. Se trata de personas de pocas palabras, en el sentido clásico. El problema es que usan pocas palabras, por cuanto a usted se refiere. Adentro del cráneo tienen una mina de oro de sabiduría que usted tiene que extraer, pero está enterrada bajo una montaña de silencio.

Algunas personas dicen muy poco porque tienen miedo de hablar demasiado; conocen su tema tan bien que piensan que todos los demás también lo conocen y no quieren aburrir a su público con los detalles. Otras hablan con titubeos, porque no están seguras de que lo que van a decir tiene méritos ni de que vaya a ser apreciado. Algunas sencillamente tienen poca habilidad para hablar y poca formación para saber aprovecharla.

Por cuanto a usted se refiere, no importa. A usted no le interesan sus recovecos psicológicos, sino la forma en que puede asomarse para sacar de su cuerpo todos esos trocitos de sabiduría. A no ser que compartan su experiencia, ésta no le servirá ni al orador reacio ni a su público.

K. Thomas Finley, asesor sobre desempeño, escribe sobre el reacio: "Tal vez tenga un mundo de sabiduría que enseñar, pero a no ser que logre hacerlo hablar, nadie tendrá la ocasión de escuchar sus palabras. Nadie aprenderá mucho de su boca."

A continuación presento cinco "domadores del silencio" que elaboré cuando realizaba entrevistas para publicaciones profesionales. Jamás fallan tratándose de sacar un chorro de palabras de boca de la más taciturna y vergonzosa de las personas. Los domadores del silencio harán mucho más que reforzar su capacidad para escuchar cuando enfrente oradores reacios. Los cinco domadores del silencio son:

- ❏ Ábralos con alabanzas.
- ❏ Haga preguntas dirigidas.
- ❏ Haga comentarios que provoquen respuestas.
- ❏ Cuando se suelten a hablar, no interrumpa.
- ❏ Brinde retroalimentación visual positiva.

Ábralos con alabanzas, después haga preguntas

Incluso la más tímida de las personas florece ante alabanzas. Haga saber a los oradores reacios que aprecia su esfuerzo o valora su experiencia. Después invítelos a extender sus comentarios. Formule su pregunta de tal manera que implique que sólo una persona con su formación y conocimientos excepcionales podría contestarla.

Aun cuando alguien sea taciturno o parsimonioso con las palabras, la retroalimentación positiva de este tipo le llevará a desdoblarse un poco. Cuando se trata de escuchar, los halagos le llevarán a muchas partes.

Haga preguntas dirigidas

Las personas que hablan poco, del tipo "sí" y "no", se sienten cómodas con la menor cantidad posible de palabras. Trabaje en sentido de la corriente, y no en contra de ella. Usted puede revertir su parsimonia verbal para sacarle provecho. Determine qué quiere saber usted. Después haga una pregunta tan dirigida que requiera una respuesta "sí" o "no" o una expresión breve, llena de datos, que no requiera más de una o dos oraciones.

Haga comentarios que provoquen respuestas

Incluso el pez más reacio morderá el anzuelo adecuado. Para sacar a los oradores reacios de su silencio, prepare su anzuelo oral con una afirmación o una pregunta polémicas. En esta ocasión, trate de plantear lo que desee saber de tal manera que resulte un desafío cortés contra la posición del orador o que se oponga de alguna otra manera a la teoría establecida. Pocas personas pueden resistirse a contestar cuando una de sus ideas consentidas es cuestionada o cuando se les presenta la oportunidad de atacar un concepto popular falso.

Cuando se suelten a hablar, no interrumpa

Cuando haya logrado poner en marcha a los oradores reacios, quédese con la boca bien cerrada. Interrumpir el flujo con un comentario exclamativo de su parte sólo será un pretexto para que se detengan, y echarlos a andar, en primera instancia, ya fue bastante difícil. Incluso si se le ocurre una pregunta vital o un comentario brillante, no lo diga. Guarde sus comentarios hasta que esté completamente seguro de que los oradores reacios han terminado.

Brinde retroalimentación visual positiva

A efecto de lograr que los oradores reacios sigan hablando, usted debe hacerles saber que los detalles son interesantes, que lo que dicen es muy valioso, que aun cuando no son los mejores oradores del mundo, usted desea que ellos sigan hablando. Sin embargo, no los aliente con palabras que sólo servirán para distraerlos.

Use el lenguaje corporal. Mándeles retroalimentación positiva mediante pistas visuales. Asienta con la cabeza en plan de aprobación. Sonría provocadoramente. Clave la mirada en los ojos del orador, como si lo que estuviera diciendo fuera lo más interesante que usted haya oído jamás.

Duplicador de la capacidad cerebral #53

Jamás permita que una persona que habla poco vuelva a ser un problema para usted. Las estrategias para domar el silencio harán que incluso la persona más reacia se abra y la mantendrán hablando hasta que usted escuche aquello que quiere oír. Cuando necesite información de oradores reacios:

l. Use las alabanzas para abrirlos. Después haga una pregunta que, evidentemente, se refiera a su experiencia. ("En realidad, hasta ahora,

---

DUPLICADOR DE LA CAPACIDAD CEREBRAL #53 (cont.)

nunca entendí bien las muchas maneras en que mi empresa podía sacar provecho de Web, señor McDougal. Usted, como autoridad en el campo, ¿me podría decir si nos conviene comprar un software y diseñar y mantener el propio o si sería más aconsejable encargarlo a terceros?")

2. Haga una pregunta directa. ("¿Señor McDougal, me podría decir exactamente qué aumento de actividades podría registrar una empresa como la nuestra durante el primer año de usar Web?")

3. Haga un comentario o formule una pregunta que provoquen una respuesta. ("Un caso que leí en el *Globe* se contrapone aparentemente a su posición. Decía que la mayor parte de las compañías que se inscriben en Web no registran ningún aumento notable de actividades. ¿Qué opina usted de esto?")

4. Cuando empiece a hablar, no interrumpa hasta que hayan terminado.

5. Propicie que sigan hablando, brindándoles retroalimentación positiva; sonría, mueva la cabeza, mírelos a los ojos.

Concrete las divagaciones

Para usted, el poeta Samuel Taylor Coleridge es el autor de "La Rima del Viejo Marino". Para sus amigos era un verdadero plomo, de los que usted ya conoce. Como dijera un escritor mordazmente: "Casi todos los comentaristas han señalado la diferencia entre los grandes oradores y los grandes conversadores. Los parlanchines incontrolables matan la conversación y agotan a quienes están con ellos".

Coleridge era una persona que no dejaba de hablar, nadie más podía colar una sola palabra en la conversación. Más de un biógrafo afirma que Coleridge, en cierta ocasión, arrinconó a un conocido en su club y empezó a monopolizar la conversación, extendiéndose muchísimo sobre sus opiniones y posiciones respecto a la situación del siglo XVII. Pasado un rato, Coleridge estaba tan centrado en lo que decía que cerró los ojos para concentrarse mejor. Su amigo tenía una cita en otra parte de Londres y aprovechó la oportunidad para retirarse. Horas después, cuando el hombre volvió, Coleridge seguía hablando, con los ojos cerrados, sin saber que su amigo se había ido y regresado.

Como anécdota resulta bastante graciosa. Todos tenemos algún amigo o conocido que es así. Seguramente podemos contar un caso de esa persona tan gracioso como el referente a Coleridge. No obstante, no resulta tan gracioso cuando usted desperdicia parte de su valioso tiempo tratando de obtener información de alguien que habla y habla, pero jamás llega a un punto útil. En estos casos, le verborrea excesiva del parlanchín se convierte en un obstáculo entre usted y su meta. Lo peor es que hay pruebas científicas de que los parlanchines irritan tanto que disminuyen la capacidad de su cerebro y hacen que usted prácticamente no pueda seguir su punto de vista, incluso en los casos cuando plantean uno. "El parloteo fuerte e incesante es una de las causas que contribuyen más a disminuir la productividad y afectar el desempeño", según una serie de resúmenes de un estudio del departamento de psicología de la Universidad de Dayton. El parloteo prolongado pone nerviosos a quienes escuchan, interfiere en la concentración y opaca su capacidad para absorber información y recordarla.

K. Thomas Finley, asesor en temas de desempeño, ha elaborado cuatro estrategias sumamente efectivas para volver a encauzar la capacidad de su cerebro, desconectando la andanada de palabras de los parlanchines y guiándolos de inmediato hacia el punto de interés:

❐ Pregúnteles cuál es su punto de vista.

❐ Pregúnteles cuáles son sus conclusiones.

❐ Adivine hacia dónde se dirigen y pregúnteles si está en lo cierto.

❐ Pida a otro miembro del grupo que haga comentarios al respecto.

Pregúnteles cuál es su punto de vista

Cuando a un orador se le suelta la lengua sin que llegue a ninguna parte, interrumpa cortésmente. (Tal vez lo tenga que hacer dos o tres veces, pero sea persistente. No obstante, recuerde ser cortés siempre, usted quiere aprender, no quiere discutir.)

Cuando haya captado la atención del parlanchín, confiésele que se ha perdido y pídale que le enderece las cosas mediante un resumen de los puntos generales que trata de señalar. Al asumir la responsabilidad de no entender, usted evita que el otro se ponga a la defensiva. Al pedir que le enderecen las cosas, usted capta sus esfuerzos, ofreciéndole la ocasión de presumir de su experiencia, magnánimamente ayudando incluso a los tontos a entender las cosas.

(Si se topa con oradores verdaderamente difíciles, a los superparlanchines, éstos incluso pueden salirse por la tangente cuando tratan de resumir las cosas. Esto le deja a usted en la misma situación que antes. Cuando ocurra, vuelva a interrumpir cortésmente y reanude el proceso de nueva cuenta.)

Pregúnteles cuáles son sus conclusiones

Se trata simplemente de una variante del punto anterior. En ocasiones, cuando falla el preguntarle a los oradores cuál es su punto, simplemente preguntarles lo mismo, pero en términos diferentes, puede hacer el truco. Lo crea o no, de hecho hay personas que adjudican diferente significado a "punto" y "conclusión" y éstas hablarán eternamente buscando un "punto" si se les pide uno, pero podrán presentarle sus "conclusiones" en un segundo, si se les piden con tal nombre.

Adivine hacia dónde se dirigen y pregúnteles si usted está en lo cierto

En casos extremos, algunos parlanchines parecen no ser capaces de llegar a su punto mediante las palabras, sin importar cuánto se esfuercen oralmente. Cuando esto ocurra, usted sólo tendrá la opción de hacer la tarea por ellos.

Adivine hacia dónde se dirigen estos oradores y pregúnteles si usted está en lo cierto. Si dicen que "sí", habrá logrado triunfar. Si se equivoca, al corregirle, estos parlanchines podrían presentar su propio punto de vista. Aun cuando los parlanchines no hagan sino señalar que usted está equivocado y después vuelvan a divagar hacia ninguna parte, habrá dado un paso que le acerca a su meta. Habrá eliminado un punto posible. Sólo tendrá que repetir el proceso entero, con cortesía y decisión, hasta que se presente algo que funcione.

Pida a otra persona que le ayude

Si todo lo anterior falla, consiga la ayuda del público. Cuando nada de lo que usted haga parezca tener resultados para llegar al punto, es probable que todas las demás personas presentes estén tan perdidas en la nada como usted. Tal vez alguna de ellas pueda dilucidar qué está tratando de decir el parlanchín.

Si conoce a alguno de los presentes, recurra a él o ella. Como siempre, échese la culpa sobre los hombros para no poner al orador a la defensiva. Después recurra a un amigo o a otro de los presentes y pregúntele si él o ella le pueden explicar las cosas.

Un comentario de este tipo también hace prácticamente imposible que el parlanchín pueda continuar sin parecer grosero o arrogante. Ninguna persona sensata ignorará a dos de sus oyentes. Con frecuencia, es justo el empujón que necesita el parlanchín para, finalmente, llegar al punto.

DUPLICADOR DE LA CAPACIDAD CEREBRAL #54

1. Cortésmente, pregunte al orador qué punto está tratando de plantear. ("Tal vez sea un poco lento, señor McDougal, pero ¿exactamente cuál es el punto que trata de establecer respecto a la confidencialidad de los datos que se envían de nuestro sitio Web a las computadoras de la oficina matriz?".)

2. Cortésmente pregúntele a qué conclusión llega, a final de cuentas, con los datos que está presentando. ("Su reseña de las estadísticas del crecimiento de los sitios Web de las empresas en el transcurso de los tres años pasados resulta fascinante, pero me pregunto si también me podría indicar a qué conclusiones ha llegado a partir de ellos".)

3. Adivine usted hacia dónde se dirige el otro y pregúntele si usted está en lo cierto. ("Si estoy en la cierta, señor McDougal, usted está diciendo que los nuevos programas 'encriptados' aseguran la total confidencialidad de todas las preguntas de los clientes enviadas pro medio de nuestro sitio Web a las oficinas centrales?".)

4. Recurra a la ayuda de otro de los presentes. ("Tal vez esté atolondrado hoy, pero sigo sin poder entender a dónde quiere llegar. Tal vez otra persona del público me podría echar una mano al respecto".)

Capítulo 13

Escuchar "entre líneas"

En la actualidad, no basta con ser un buen oyente; tampoco basta con serlo de manera excelente. Hoy en día, los oyentes tienen que escuchar algo más que las palabras. Tienen que escuchar "entre líneas".

Con frecuencia, lo que no se dice tiene tanto significado como lo que se dice —en ocasiones incluso más— sobre todo tratándose de lo que se excluye deliberadamente. Descubra ese significado y usted duplicará con creces su capacidad para escuchar.

Las personas no se limitan a presentar información, sino que, con frecuencia, la manipulan. Incluso no basta ser un buen oyente al instante. En ocasiones, todo el mundo manipula la información. Nos favorecemos, así como a la tía Susana, cuando describimos el gracioso incidente con el policía (que en su momento no fue tan gracioso). Tratamos de presentarnos bien —generalmente mejor de lo que pensamos que somos— ante los demás.

Y viene aumentando la frecuencia con que las personas manipulan de más maneras aquello que dicen con el propósito de manipularlo a usted. Es una verdad universal que va desde la sala de consejo hasta la habitación conyugal, y abarca todos los puntos intermedios.

A lo largo de la semana escuchamos a decenas —y en el caso de personas que viven en urbes seguramente cientos y en el caso de quienes tienen cablevisión tal vez miles— de personas que tratan de conmovernos manipulando las palabras que pronuncian.

Los científicos lo llaman "comunicación persuasiva". La definen como "el proceso mediante el cual unas personas tratan de influir en las creencias o los actos de otras".

Algunos oradores tienen más interés en manipularnos que otros. "La comunicación persuasiva desempeña un papel central en una serie de profesiones", comenta Robert R. Allen, profesor de Artes de la Comunicación en la Universidad de Wisconsin. "Los abogados, los especialistas en publicidad, los expertos en relaciones públicas y los políticos tienen que usar la comunicación persuasiva. Si bien la comunicación persuasiva no es el ingrediente básico de muchas carreras, la mayoría de las personas deben tener capacidad para influir en otras en marcos relacionados con su trabajo."

Y, sin duda, tratan de influir en nosotros. La manipulación de la información está en todas partes. Tal vez sea una llamada telefónica que le dice que se ha ganado un fin de semana gratis, para dos personas, en Acapulco, saliendo de San Diego, y que lo único que tiene que hacer es comprar un pasaje a San Diego. También puede ser la presentación a cargo de la persona que vende seguros de gastos médicos a su compañía, alabando las ventajas de un nuevo programa de servicios mejorados, diseñado con sus necesidades en mente, y que, de hecho, resulta la misma vieja treta de más-primas-con-menos-opciones-y-menos-servicios, presentada engañosamente para parecer que le están haciendo un favor. También puede ser un empleador con una cara larga, escupiendo cifras que arrojan una baja en las utilidades, para justificar que este año tampoco habrá el aumento, equiparable al aumento del costo de la vida. O bien el empleado que esquiva los detalles para disfrazar una enorme metida de pata. O un activista dispuesto a conmover al público para que apoye apasionadamente "una causa", y también el bolsillo del orador. O un profesor que trata de socavar, sutilmente, la tesis de un rival, mediante una revisión sesgada. O un político que escoge las palabras y las posiciones de un contrincante —o las del propio político— para crear en su mente una falsa impresión.

Evidentemente, no todos los que pretenden conmovernos con palabras lo hacen con una intención consciente. Muchos carecen del afán consciente de manipular lo que dicen. Aun así, lo pueden sesgar inconscientemente o pueden confundir a los oyentes.

Las personas suelen confundir a los demás por uno de estos tres motivos.

- Tener prejuicios, acariciados inconscientemente (y conscientemente), que los llevan a distorsionar lo que perciben y lo que presentan.

- Tener fines ocultos que los llevan a distorsionar lo que dicen a efecto de alcanzar sus fines.

❏ Dar significados diferentes a palabras y términos clave, de tal manera que, aun cuando pretendan ser claros, no dejan de llevar a sus públicos por caminos muy equivocados.

Los estudiosos de la semiótica y los psicólogos, sin embargo, han elaborado un trío de estrategias sumamente efectivas para reconocer, al instante, los tres tipos de manipulación de la información y para entresacar de lo que dicen estos oradores, los datos objetivos que podría contener. Con ellas, usted podrá detectar intereses ocultos, descubrir significados disfrazados y descubrir verdades a medias, leyendo el lenguaje corporal del orador.

Detecte intereses ocultos

El anuncio prometía a las personas que tuvieran ingresos familiares o personales de más de 150,000 dólares un método legal, probado, para reducir su declaración anual del ingreso sobre la renta, ¡50 por ciento y más! Con tipo pequeño, anunciaba una conferencia de 100 dólares por persona, presentada por Joe Dokes (nombre inventado), anunciado como una de las autoridades más importantes del país respecto a la reducción del pago de impuestos. Joe abrió la conferencia con unos cuantos comentarios chistosos y completamente acertados sobre la injusticia del sistema fiscal. Pasó a contar algunos casos, flagrantes y trágicos, en los que personas trabajadoras habían quebrado económicamente, incluso habían ido a dar a la cárcel a causa de la interpretación rígida del código fiscal. Después habló de una media docena de trampas específicas presentes en las leyes del impuesto sobre la renta que la mayoría de las personas desconocían (si usted las hubiera aprovechado, habría ahorrado hasta 50 por ciento en sus impuestos personales). Joe Dokes terminó diciendo que había alrededor de otras 230 trampas que los abogados y los expertos en reducir el pago de impuestos conocían muy bien, pero que el tiempo no permitía repasarlas todas.

Después de un entusiasta aplauso, algunos miembros del público querían saber cómo podían obtener más información sobre esas 230 trampas. Joe Dokes contestó, con un comentario absurdo, que el mejor método era "contratar al abogado fiscalista más caro del mundo". Cuando las carcajadas se acallaron, Joe explicó que en alguna parte del oeste del país existía un fondo que hacía las veces de centro de acopio de este tipo de información. Cuando el público le rogó que proporcionara la dirección de la fundación, Joe dijo que creía tenerla en alguna parte, rebuscó en su portafolios, y se la proporcionó. Todo el mundo salió muy contento.

¿Dónde está el truco?

El señor Dokes, aparentemente ecuánime y desinteresado, tenía motivos ocultos. Lo que dijo respecto a las trampas tenía algo de cierto, aunque el asunto no era tan sencillo, ni de corte tan claro como lo hizo parecer. El señor Dokes también tenía el interés oculto, que dio forma a cada una de las palabras que pronunció: despertar la ira del público contra el sistema fiscal, con su mención casual de que hay otras 230 trampas en el código fiscal. Dokes era dueño, por medio de una serie de "frentes" de la "fundación en algún punto del oeste norteamericano que hace las veces de centro de acopio" de información sobre estas trampas. La fundación ofrecía vender su base de datos a las personas que solicitaran información, y el precio de ventas estaba muy por arriba de los mil dólares.

Casi todo el mundo tiene alguna especie de interés oculto cuando habla. Y eso no es cinismo. Es un hecho de la naturaleza humana. Lo llevamos dentro, probablemente bien soldado en nuestro interior. Además, con frecuencia, los intereses ocultos son benignos.

Piense en el día de ayer. Aunque usted fue cortés con Denise del departamento de compras, ¿no estaba tratando de terminar con la situación lo antes posible para poder volver al proyecto urgente que tenía que realizar? Cuando aceptó su empleo, ¿le dijo a sus patrones que esperaba verlos entrar en el siglo XXI, creando una red con todas las computadoras? Cuando usted, como maestro, le dijo a un padre de familia que los requisitos de calificación en las pruebas de ingreso del sistema escolar de todos los estados habían aumentado, ¿no olvidó decirle que la violencia había crecido y la asistencia bajado?

En ocasiones, las agendas ocultas pueden ser benignas. La mayoría de las veces están diseñadas para llevarnos por un camino diferente, de tal manera que la otra persona pueda tener ventaja sobre nosotros. Usted nunca más tendrá por qué preocuparse de que lo manipule alguien que tiene intereses ocultos. Podrá detectar a quienes los tienen, antes de que siquiera abran la boca para hablar (lo que es más rápido que al instante). Lo anterior se debe a que todo interés oculto tiene detrás un motivo oculto.

¿Cómo se puede conocer el motivo del orador? La mayoría de las personas que tienen un interés oculto también tienen algo que ganar. Usted puede hacer una prueba previa a los oradores, para detectar si tienen motivos ocultos, con esta prueba infalible de cinco puntos. Pregúntese si la persona que está hablando:

☐ En términos económicos, ¿tiene algo que ganar con lo que dirá?

☐ ¿Tiene algo que ganar en cuanto a su posición?

☐ ¿Tiene algo que ganar en cuanto a seguidores y publicidad?

☐ ¿Tiene algo que ganar para el futuro?

☐ ¿Puede estar diciéndolo por ira o frustración personales?

Cuando conozca la respuesta a estas preguntas, tendrá un cuadro bastante claro respecto a si está escuchando una opinión sin prejuicios o si el orador es una persona que tiene un motivo ulterior y está sesgando sus palabras para manipularle y sacar provecho para sus motivos personales ocultos.

DUPLICADOR DE LA CAPACIDAD CEREBRAL #55

Cuando alguien hable, repase mentalmente las siguientes cinco preguntas. Funcionarán como radar, descubriendo los prejuicios ocultos. Usted nunca más tendrá que sentir el temor de ser manipulado o explotado mediante información falsa.

1. La persona que está hablando ¿tiene algo que ganar, en términos económicos o de otro tipo, con lo que está diciendo? (¿Tiene libros, un seminario o un producto que quiera vender?)

2. ¿Mejorará de posición el expositor si se aceptan sus opiniones? (Podría ser posición académica, posición profesional, posición en la comunidad o cualquier otra forma de "posición" ante los ojos de otros.)

3. ¿Podría estar tratando de conseguir seguidores o fama? (¿Tiene algún movimiento que podría incluir a mayor número de partidarios? ¿Incluye publicidad o adulación?)

4. ¿Tiene el orador algo que ganar a futuro con sus palabras actuales? (¿Un ascenso? ¿Más clientes? ¿Nominación a un puesto cuando lleguen las próximas elecciones?)

5. ¿Emplea el orador palabras para deshacerse de sus frustraciones? (¿Ira contra una situación "injusta"?)

Descubra lo que ocultan los expositores

Todo el personal de la compañía estaba reunido en el comedor. Estaban escuchando una presentación de Rosebud, Inc., una nueva oferta de servicios médicos hospitalarios para la compañía. El contrato con la compañía que ofrecía servicios médicos hospitalarios a la compañía se había vencido, y varias compañías del ramo de los servicios médicos buscaban conseguir la cuenta.

"Como seguramente saben ustedes", empezó hablando la señora de Rosebud, "nosotros contamos con uno de los porcentajes más altos de la industria de los servicios médicos, en cuanto a la satisfacción de los miembros. Las encuestas arrojan que las personas que usan las clínicas autorizadas por Rosebud le conceden calificaciones de primera en cinco de cinco categorías de atención".

Sonrió como para telegrafiar el chiste que estaba a punto de hacer: "Para ser justos, nadie se queja en realidad de la atención que reciben con las otras compañías del ramo de los servicios médicos tampoco."

Esperó a que las carcajadas se acallaran. "Me gustaría presentarles, punto por punto, una comparación de nuestros servicios respecto a otros, pero no lo puedo hacer porque ellos nos podrían demandar..."

Si cabe decir que se presenta un momento en el cual las personas, en verdad, no dicen lo que quieren decir, éste sería cuando buscan de venderle algo, de convencerle de algo o de conseguir que usted acepte algo. En estas circunstancias, todos los oradores disfrazan lo que están pensando, en realidad, los puntos débiles de su argumento y todos los datos inconvenientes que podrían resultar contrapuestos. Evidentemente, si usted supiera todo lo que ellos saben, se podría formar un cuadro distinto y llegaría a una conclusión que no es la que ellos quieren.

Por fortuna, aun cuando los oradores traten de ocultar información que no quieren que usted conozca, sin darse cuenta delatan la presencia de ésta mediante ciertas palabras que son como "banderas". Siempre que oiga una de estas palabras, póngase alerta y empiece a escuchar "entre líneas". Las palabras bandera son un aviso claro de que hay fallas importantes en lo que se está diciendo y de que se le está ocultando algo.

A continuación se presenta una muestra de las "palabras bandera" que usted podría escuchar con más frecuencia. Las palabras bandera adoptan muchas formas y existen muchísimas más variaciones de las que se pueden reseñar en este libro. No obstante, usted siempre podrá reconocer las palabras y las frases bandera —sea cual fuere la forma que adopten— porque todas tienen algo en común: las palabras bandera no contienen información real en sí.

En cambio, las palabras bandera implican algo en tanto de la calidad de esa información. Por lo general, indican que lo que se está diciendo es auténtico, que no hay una verdadera contradicción o que no existe posibilidad alguna de que el orador pueda hacer una oferta mejor. Agudice su capacidad para escuchar y sospeche que existe información oculta cuando oiga:

❏ Palabras que implican un grado elevado de certidumbre.

❏ Palabras que minimizan los aspectos negativos.

❏ Palabras que pretenden decirle que la otra persona no va a ceder.

Repase la anécdota acerca de la Rosebud. ¿Detecta las frases o palabras bandera? De no ser así, al terminar esta sección ya tendrá las armas para lograrlo. Repásela y cuando descubra ese tipo de palabras o frases pregúntese lo que el expositor trata de ocultar. Así estará preparado para detectar información oculta en ocasiones futuras.

Palabras que implican un grado elevado de certidumbre

Tenga los oídos alerta para detectar frases que pretendan convencerle de que no cabe la menor de las dudas respecto al hecho o la conclusión. Por lo general, éstas se introducen antes de una declaración, con el propósito de brindarle un aparente refuerzo a su grado de credibilidad. Tenga ojo siempre que escuche frases como: "Estoy seguro de que usted sabe que...", "Naturalmente que...", "Evidentemente que...", "Todo el mundo...", "No cabe la menor duda de que...", "Usted siempre puede estar seguro de que...". Este tipo de frases son un indicio seguro de que lo que les sigue no está labrado en piedra tan firme, como la persona que está hablando quisiera que usted pensara.

Palabras que minimizan los aspectos negativos

Tenga mucho ojo con las frases que pretenden minimizar lo que les sigue. El exponente quiere lograr que un punto o dato le parezca poco importante a usted, de tal manera que no lo tome en cuenta. No obstante, es justo lo contrario, es muy importante y disfraza un aspecto negativo oculto o un hecho desagradable. Usted normalmente las encontrará al principio o en la mitad de las oraciones. Entre otras serían: "Por cierto...", "Probablemente debería...", "Si acaso...", "De pasada...", "A decir verdad...", "Ya que estamos hablando de...". Cuando usted las escuche, póngase alerta de inmediato, está a punto de presentarse información importante que afecta lo que el orador trata de decir.

Palabras que pretenden decirle que la otra persona no puede ceder

Escuche en busca de declaraciones que sugieran que la persona no puede brindarle lo que usted quiere. Cuando alguien se toma enormes molestias para explicarle por qué no puede hacer concesiones, por lo general está diciendo justo lo contrario. Es muy probable que el tema en cuestión sea uno en el que la otra persona sí puede avanzar hasta medio camino. Indicadores seguros serían: "No puedo, porque...", "Por desgracia...", "Tengo las manos atadas...", "Es política de la empresa..." Éstas y su género son todas banderas alarma que le indican que la otra persona podría hacer exactamente lo que usted quiere, pero que tiene la esperanza de que no insista en ello.

DUPLICADOR DE LA CAPACIDAD CEREBRAL #56

Sea quien fuere el orador o la situación, manténgase alerta para detectar cualesquiera de estas frases o sus parientes. Cuando las escuche, preste atención. La otra persona está sesgando sus palabras para poder colar sus motivos ocultos.

I. Escuche para ver si detecta palabras que invocan un grado elevado de certidumbre. Está a punto de presentarse algo que no tiene futuro. ("Como usted seguramente sabe, las oportunidades para invertir en Belice son verdaderamente magníficas". "Evidentemente, eso es lo más que podríamos ofrecerle por ese trabajo". "Es natural que todo el mundo está inquieto ante las medidas del gobierno".)

DUPLICADOR DE LA CAPACIDAD CEREBRAL #56 (cont.)

2. Escuche para ver si detecta palabras que minimizan los aspectos negativos. La persona está tratando de ocultar algo importante, escondiéndolo debajo de la alfombra de las palabras. ("Se me pasaba decirle que el techo tiene un ligero problema". "Tal vez, debería mencionarle que no todo el mundo que ingresa en el mercado de las mercancías prospera". "Por cierto, se han presentado algunas quejas de los alimentos del comedor".)

3. Escuche para ver si detecta palabras que pretenden sugerir que la otra persona no puede llegar a un compromiso. Estas delatan flagrantemente que la persona hará justo lo que usted quiera, sólo tiene que pedírselo. "Por desgracia, la base fiscal es muy alta y me impide bajar la renta." "No puede entregarle las revistas encuadernadas en 30 días sin cobrarle una cantidad extra, porque el personal tendría que trabajar horas extra." "Me encantaría venderle el auto en ese precio, pero tengo las manos atadas, es política de la distribuidora".)

Descubra la verdad oculta mediante el lenguaje corporal

Vladimir era vicepresidente de la pequeña compañía camionera de su padre. Disponía de un reducido capital que quería invertir. Vladimir se dirigió a un corredor de bolsa que le había recomendado un amigo. El corredor le recomendó a un fabricante de computadoras que había venido perdiendo mercado durante algún tiempo, pero que ahora tenía un nuevo director general, famoso porque lograba remontar las líneas de fondo de las empresas.

Vladimir tenía curiosidad respecto a la línea de productos que estaba por salir, que según se decía venía plagada de problemas. El corredor se echó hacia atrás, cruzó los brazos y le explicó que el nuevo director general había contratado a un nuevo equipo de técnicos, el que ya había rediseñado todo con carácter de urgente, a efecto de eliminar los últimos problemillas que quedaban. Vladimir preguntó si la liquidez y la línea de crédito de la compañía eran suficientes para realizar la promoción y el lanzamiento de la línea, así como para financiar un aumento de producción, en caso de que ésta resultara un éxito. El corredor dirigió la mirada hacia la ventana un instante y después le dijo a Vladimir que un consorcio de instituciones bancarias internacionales habían aceptado respaldar un aumento en la línea de crédito.

Vladimir tenía una última pregunta. Había oído que la casa de bolsa del corredor estaba impulsando mucho las acciones de la compañía de computadoras. El corredor cruzó las piernas y contestó que la casa de bolsa estaba convencida de que éstas serían las acciones menos notorias, pero de mayor crecimiento, en los siguientes 18 meses.

Vladimir le dijo al corredor que quería pensar un poco las cosas. Salió de ahí y se dirigió a otro corredor e invirtió en otra compañía. Sabía que el primer corredor era falso, al igual que cada una de las palabras que había pronunciado respecto a la compañía de computadoras.

¿Por qué? ¿Qué vio Vladimir que a usted se le pasó de largo? (Lea el resto de esta sección y, cuando termine el ejercicio al final, vuelva a leer los párrafos que anteceden y usted también captará todo lo que advirtió Vladimir.)

¿Ha oído decir que ver para creer? Cuando se trata de escuchar, ver también le puede indicar qué creer. Usted puede multiplicar su capacidad para escuchar y distinguir lo cierto de lo falso si conoce las pistas visuales en las que se debe fijar.

Cuando las personas mienten, se ponen a la defensiva o tienen un interés emocional en lo que están diciendo, su lenguaje corporal las delata, escribe Lawrence Sloman, doctor en psicología. Estos oradores tal vez piensan que están ocultando sus verdaderos pensamientos. Sin embargo, el doctor Sloman afirma que alguien que conoce las señales puede detectar el engaño desde el principio. Cada uno de los movimientos que hacen los mentirosos, incluso muchos que lo son inconscientemente, indican a alguien que sabe en qué debe fijarse, que no están diciendo toda la verdad.

En un estudio publicado en *The American Journal of Psychiatry*, el doctor Sloman encontró que tres simples movimientos físicos revelan la verdad oculta de las palabras. Aunque las palabras del exponente puedan estar muy bien construidas, su lenguaje corporal revela claramente que las palabras ocultan mucho más de lo que el oído puede captar. Fíjese atentamente "entre líneas" cuando alguien de repente:

- ❏ Desvíe la mirada.

- ❏ Cambie de posición.

- ❏ Cruce los brazos.

Si desvía la mirada

Resulta que tiene algo de cierto la vieja idea popular de que una persona que desvía la mirada es mala. Tenga mucho ojo cuando los oradores desvían la mirada para no ver a sus interlocutores, especialmente si miran hacia el techo o el piso. Es casi seguro que lo que están a punto de decir es una mentira.

Si cambia de posición

Mucho ojo cuando las personas que hablan de repente cruzan las piernas, si están sentadas, o cambian de posición. Los cambios de posición son una señal de que los temas que se están tratando llevan una enorme carga emocional. Es probable que haya prejuicios de algún tipo. Trate de adivinar qué piensan las personas al respecto y cómo podría esto estar modificando lo que usted escucha.

Si cruza los brazos

Tenga mucho cuidado cuando las personas que están hablando cruzan los brazos. El asunto en cuestión las está poniendo a la defensiva. Es señal de que su argumento es débil o que están ocultando algo.

DUPLICADOR DE LA CAPACIDAD CEREBRAL #57

Las siguientes tres señales de aviso le indicarán si alguien está diciendo mentiras, si su argumento tiene un punto débil o si sus palabras son resultado de un prejuicio emocional. En las presentaciones habladas fíjese si:

1. Hay puntos en los cuales el orador, de repente, desvía la mirada. (Si venía hablando de las perspectivas maravillosas que tendrá la compañía el año entrante, de cómo se rompió la lámpara o de lo grande que era el pez que pescó en 1985, lo más probable es que usted no esté oyendo toda la verdad al respecto.)

Duplicador de la capacidad cerebral #57 (cont.)

2. Hay instantes en los que el orador, de repente, cambia de posición. (Desde la producción petrolera, pasando por el cable de fibra óptica, hasta los bribones que ocupan puestos, es casi seguro que la persona tiene opiniones fuertes respecto al tema.)

3. En ocasiones, el orador cruza los brazos. (Cuando se menciona una opinión contraria, cuando otra persona le hace una pregunta, estará totalmente a la defensiva por algo.)

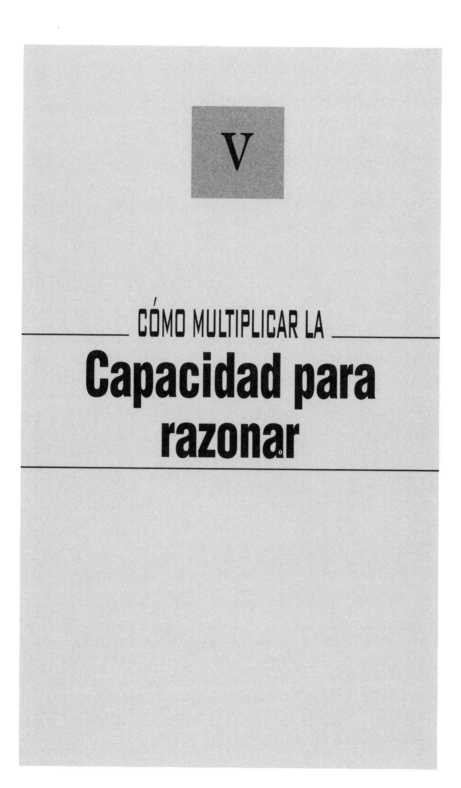

V

Capacidad para razonar

Capítulo 14

El razonamiento al instante

Uno de los desastres comerciales más grandes del último decenio del siglo XX fue el caso del manejo incorrecto de Apple Computers. La compañía contrató a un "brillante" equipo de administradores para que le diera otro giro. A la sazón, IBM venía otorgando concesiones de diseño de su computadora personal a todos los fabricantes de PC del mundo, y Microsoft estaba igual de generosa con las licencias de productos que operaban con su sistema operativo DOS, lo que había hecho que la computadora resultara tan barata que casi cualquier hogar u oficina tenía una.

¿Qué hicieron los nuevos genios de Apple? Apretaron las riendas que controlaban el uso de su sistema operativo y mantuvieron elevados los precios de las ventas al detalle. Para muchos analistas no fue ninguna sorpresa que las ventas de las PC tipo IBM/Microsoft se dispararan, así como su parte del mercado, en tanto que Apple contemplaba cómo se iban desplomando las suyas.

El trasfondo del derrumbe de Apple fue una mala decisión, basada en un razonamiento erróneo. Microsoft tomó la decisión acertada y prosperó. Al parecer, la vieja máxima que dice que "la riqueza está a la vuelta de la esquina" tiene algo de cierto, pero sólo si se refiere a quienes piensan debidamente.

Jamás se podrá exagerar demasiado la importancia que tienen los razonamientos, y no es necesario aclararlo. A partir de la observación personal sabemos que, en igualdad de condiciones, las personas que razonan mejor merecerán los ascensos, subirán en su profesión, aprovecharán mejor sus oportunidades, reducirán las consecuencias de sus desastres, ganarán más dinero y tendrán más éxito en la vida. Como dijera José Ortega y Gasset, el filósofo español: "No vivimos para pensar, sino que pensamos para triunfar..."

Extrañamente, casi nunca pensamos en que razonamos. En su mayor parte, los pensamientos se presentan en la mente de manera espontánea y damos por sentado, en gran medida, la capacidad para razonar. El único momento en que nos detenemos a pensar en ello es cuando las circunstancias laborales o personales nos llevan a ese punto y tenemos que pensar en serio o resolver problemas difíciles. Entonces, el caso es otro.

De repente, dudamos de nuestra capacidad para hacer aquello que hacemos, de manera natural, todo el día. De hecho, la mayoría nos consideramos apenas capaces de razonar. En una encuesta se preguntó a un grupo de personas si creían que sabían mucho respecto a cómo razonar bien, 67 por ciento (dos terceras partes) respondió que no.

Esta sensación de que ignoramos los elementos básicos del razonamiento explica por qué carecemos de confianza en nuestra capacidad para razonar.

Un motivo que podría explicar esta sensación es que HAY muy poco material sobre el razonamiento. HAY muchísimos seminarios, libros, artículos, vídeos y documentales de televisión sobre el éxito, el aprendizaje, la memoria, la lectura y demás. Sin embargo, hay muy pocos sobre el razonamiento.

En parte, nosotros somos los únicos culpables. Pensamos que el tema del razonamiento es aburrido, abstracto, "pesado". Por tanto, hacemos a un lado los escasos libros y artículos que tratan el tema.

Trate de imaginar una portada de *Cosmopolitan* o *Playboy* con un artículo sobre "cómo pensar mejor" resaltado en la cubierta. Piense en todos los libros y programas de televisión sobre el razonamiento y la mente humana que usted ha eludido a lo largo de los años. Si evitamos aprender algo, lo seguiremos ignorando.

Otro motivo que podría explicar por qué no sabemos mucho respecto a cómo pensar bien es que, equivocadamente, estamos convencidos de que "se trata de algo natural". Al parecer, todos suponemos que los seres humanos desarrollan la capacidad para razonar conforme van pasando por la adolescencia, como parte de un proceso interior, y que no hay nada que se pueda aprender sobre el razonamiento ni la manera de mejorar la capacidad de pensar. Si nos parece que una persona razona mejor que otra, pensamos que ésta tiene la "suerte" o los "dones" de haber nacido más lista que el resto de nosotros y hasta ahí llegamos.

Lo paradójico es que todos sabemos cómo razonar bien. Si la práctica lleva a la perfección, todos somos pensadores perfectos.

Investigaciones realizadas en la Universidad de Minnesota revelaron que registramos un promedio de cuatro pensamientos independientes por minuto, o alrededor de 4,000 pensamientos al día, y que pasamos poco más de 75 por ciento de nuestro tiempo razonando. Si, de hecho, nos pagaran un "centavo por cada pensamiento", estaríamos ganando alrededor de 40 dólares más al día. (No es nada raro que usted sienta el cerebro cansado y que esté dispuesto a dormir por la noche.)

En este libro, hasta este punto, usted ha aprendido a multiplicar su capacidad natural para aprender, la capacidad de su memoria, su capacidad para leer y su capacidad para escuchar. En cierto sentido, todo lo anterior ha sido una preparación para multiplicar su capacidad natural para razonar. Cuando haya aumentado y afinado su capacidad para razonar, usted verdaderamente podrá sentir que está usando toda su mente, todo el tiempo.

Este capítulo es un curso de repaso, diseñado para que usted pueda ser más apto para aprovechar su capacidad natural para razonar, así como para echar a andar sus procesos mentales, al instante, si en algún momento se le llegaran a atorar. El siguiente capítulo le enseñará a afinar esas capacidades y a aplicarlas correctamente a problemas, desafíos y situaciones que, sin ellas, le acobardarían. El último capítulo contiene estrategias para poner en práctica lo que usted piensa.

Encienda la chispa de sus procesos para razonar

En ocasiones, usted se puede encontrar en una situación en la cual su mente está repleta de información, pero mentalmente usted no avanza hacia ningún lado. El combustible está en el tanque, la llave está en la marcha, ésta ha sido activada, pero su motor mental no está trabajando. Por algo, no se está produciendo una conexión vital necesaria para encender la chispa del razonamiento.

Si usted está en una junta importante o trabajando en un proyecto vital con una fecha límite urgente, el hecho de tener una laguna mental, en lugar de generar una serie productiva de pensamientos, le puede llevar a sentirse frustrado y avergonzado. Pero nunca más tendrá por qué quedarse sentado, como si fuera un burro.

Así como se puede hacer conectar en directo los cables para que un contacto eléctrico descompuesto eche a andar el motor de su auto, de igual manera puede restablecer el contacto mental que ande fallando y echar a andar la mente, recurriendo al proceso para encender la chispa de sus procesos para razonar. Usted está a punto de descubrir cinco arcos eléctricos mentales que garantizan la superación de la capacidad cerebral, porque activan de veras el flujo de sus pensamientos. Cada uno de ellos pondrá su mente en marcha, a pesar de que usted la sienta en blanco o carente de inspiración.

- ❐ Elimine la estática mental.
- ❐ Concéntrese en el tema.
- ❐ Pregúntese qué le hace sentir.
- ❐ Pregúntese qué le hace pensar.
- ❐ Piense en todo siempre.

Elimine la estática mental

El mayor obstáculo para empezar a razonar es… razonar. Por lo general, tenemos la mente llena de miles de pensamientos pasajeros que funcionan como si fueran estática mental e impiden que nos concentremos con claridad en lo que queremos pensar. Disminuya este ruido mental y su capacidad para razonar aumentará exponencialmente.

Concéntrese en pensar en el tema

Usted puede ordenarle a la mente que concentre la atención. Los mandos tardan unos cuantos minutos para empezar a funcionar. No obstante, si hace un esfuerzo consciente por imprimir en la mente el hecho de que quiere pensar en estadísticas del Departamento Forestal de los Estados Unidos o en cómo procesar las palabras con el Wordmarker 2001, el cerebro no tardará en ponerse en marcha y generar ideas respecto a un tema.

Pregúntese qué le hace sentir

Si tiene problemas para echar a andar sus pensamientos, póngase en marcha con sentimientos. Las personas se quedan con la mente en blanco cuando tienen que sentarse y pensar de manera formal y "seria". Si usted no puede establecer contacto con sus pensamientos, establézcalo con sus sentimientos. Pregúntese qué siente respecto al tema —aunque sea aburrimiento— y su diálogo mental interior empezará a funcionar.

Pregúntese qué le hace pensar

Cuando usted necesita con desesperación que dos pensamientos se friccionen y no pasa nada, aléjese un poco, no piense en el tema que supuestamente debe estar considerando. Pruebe el "metaconocimiento": pregúntese qué piensa usted respecto al tema. Esta asombrosa técnica ha servido muchas veces para iniciar una larga serie de muy buenos razonamientos.

Piense en todo siempre

Es más fácil echar a andar el motor de un auto cuando todavía está caliente. Es más fácil poner a funcionar su proceso de razonamiento si acostumbra a su mente a pensar con frecuencia. Pensar es un hábito que se puede adquirir. Evalúe, cuestione, compare y piense de diferentes maneras en todo lo que ocurre a su alrededor... siempre. Además, como han demostrado las investigaciones del psicólogo Eric Klinge, los pensamientos aislados, muchas veces, conducen a soluciones de problemas perplejos.

DUPLICADOR DE LA CAPACIDAD CEREBRAL #58

Use esta técnica en cualquier circunstancia que requiera de la capacidad cerebral, cuando parece que la mente no quiere trabajar.

1. Tómese cinco minutos para respirar lentamente y para limpiar su mente de toda estática mental extraña.

2. Deliberada y conscientemente, con tanta voluntad como pueda reunir, ordene a la mente que se concentre y reflexione en el tema. Después, empiece usted solo a pensar en él, de manera activa. (Tal vez tenga problemas para echarse a andar, pero incluso el hecho de pensar en él un poco o de pensar en las ideas más elementales contribuirán a liberar el atasco. En breve, usted encontrará que está en marcha y trabajando con razonamientos automáticos, sin problemas y sin que usted tenga que hacerlo en forma voluntaria y consciente.)

Duplicador de la capacidad cerebral #58 (cont.)

3. Pregúntese qué siente respecto al tema. Sea honrado. Sintonícese con usted mismo. Cuando tenga la respuesta, pregúntese por qué siente eso. (¡Ahí tiene! Ya está pensando en el tema. Fue fácil, ¿verdad?)

4. Pregúntese qué piensa respecto al tema. Tal vez no sepa cómo empezar a pensar en él, pero sí sabe qué pensar. (¿Cuál es su evaluación general del tema? En su opinión, ¿cuáles son los puntos fundamentales? ¿Cuál es su mayor interés?)

5. Utilice siempre su mente. Piense en todo, no sólo en lo que tiene que pensar. Pregúntese qué ocasiona las cosas, por qué actúa así la gente, compare lo que ocurre con algo similar pero ocurrido hace tiempo, decida qué piensa respecto a lo que ve en la televisión. Mantenga sus procesos de razonamiento agitados y activos a lo largo de cada día. De tal manera usted no tendrá que encender la chispa de su mente para ponerla en marcha, siempre estará "activa y funcionando".

Marchas del cerebro que jamás fallan

Si todo lo demás fallara y la mente siguiera resistiéndose con terquedad, si no pudiera encontrar un punto idóneo para arrancar su razonamiento, si no pudiera echar a andar una serie de pensamientos congruentes, ¡no abandone la nave! Expertos en motivación, como Michael McCarthy, han venido a nuestra ayuda y han elaborado una serie de preguntas que estimulan al cerebro y que se aplican a casi cualquier situación. Las cuatro marchas del cerebro que se presentan a continuación son tan profundas y provocadoras que arrancarán incluso a la más lenta y vacía de las mentes y la pondrán a funcionar.

- ¿Cuál es la idea clave?

- ¿Hay algo que le recuerda otra experiencia que haya tenido o le resulta parecido a algo que ya sabe?

- ¿Hay algún hecho o afirmación que le haga cuestionarlo con insistencia?

- ¿Cuál es el resultado?

DUPLICADOR DE LA CAPACIDAD CEREBRAL #59

Aplique las cuatro "marchas" del cerebro para generar una abundantísima capacidad para razonar, no obstante cuán nuevo, difícil o aburrido sea el asunto en cuestión, usted jamás se quedará mentalmente atorado sin saber por dónde empezar. Cuando termine, usted descubrirá que su mente está funcionando velozmente, de hecho, disfrutando de pensar en el tema.

1. Concéntrese en la situación, la información o el problema que le causa problemas.

2. Dígase para sus adentros: "En mi opinión, ¿cuál es la idea más importante, clave o fundamental en este caso?" Después tómese su tiempo para pensar en la respuesta.

3. Dígase para sus adentros: "¿Me recuerda esto o se parece a algo que ya he aprendido o experimentado?" De nueva cuenta, tómese su tiempo para ponderar y encontrar una verdadera respuesta.

4. Dígase para sus adentros: "¿Queda algo que todavía me produzca una duda persistente?" Aquí también, tómese su tiempo para pensar y responder la pregunta.

5. Dígase para sus adentros: "Cuando junte todo, en mi opinión, ¿cuál será el resultado?" De nueva cuenta, considere la respuesta cuidadosamente.

Un paso para llegar a los pensamientos cristalinos

¿Quién no ha vivido lo siguiente? Usted tiene una serie brillante de ideas inspiradas: una forma mucho más eficiente de estructurar las actividades de sus franquicias; una promoción de ventas que no puede fallar; una propuesta para el consejo de administración del hospital en cuanto a un equipo que se necesita.

Pero cuando se sienta a escribirla o se pone de pie ante el comité para exponer su opinión, es incapaz de transmitir la idea mediante sus propias palabras. Todo está claro en sus pensamientos, pero éstos se enredan todos o carecen de fuerza o de claridad.

Después de todo, ¿de qué sirven los pensamientos más brillantes si no tenemos la capacidad de expresarlos con claridad? En tal caso, ¿de qué nos sirven a nosotros mismos si no somos capaces de expresárnoslos con claridad?

La situación se agrava cuando implica estadísticas y otros datos "escuetos". Incluso los autores y presentadores más completos experimentan dificultad para comunicarlos con claridad, en forma inteligible. Los demás sólo damos vueltas, perdidos.

Las personas que optan por escribir ciencia ficción seria y técnicamente exacta enfrentan una situación incluso más difícil. Deben exponer material abstracto, técnico y sumamente complicado de manera que resulte comprensible para el público general que la lee. Es todo un reto, es uno que mi amigo, Larry Niven, ganador de varios premios, resolvió de una manera muy singular.

Antes de escribir sobre un tema, se lo relataba a sus amigos en sus reuniones sociales. Si era capaz de mantener su interés y de transmitirles los detalles técnicos, sabía que tenía un relato que estaba listo para escribirse. Si los ojos de sus amigos le miraban en blanco y su atención divagaba, Niven sabía que tenía que encontrar la forma de expresar sus pensamientos con más claridad.

Otra persona que abrazó este enfoque es el editor Jeremy Tarcher. Su empresa se especializaba en libros populares de ciencia y psicología, escritos por importantes personajes académicos. Jeremy aconsejaba a sus autores que relataran sus pensamientos, justo como se los explicarían a una persona interesada en el tema, pero sin información al respecto, cuando estuvieran en una reunión social.

Esta técnica tal vez le parezca trivial, pero no confunda su capacidad para aclarar con la capacidad para razonar. Si usted puede formular sus ideas con tanta claridad que las demás personas también las pueden entender, usted se convertirá en "amo" del tema y se puede decir que lo habrá dominado. Funcionó a las mil maravillas en el caso de Niven, funcionó en el de Tarcher (que produjo infinidad de libros, muy vendidos y ganadores de premios) y puede hacer maravillas en el caso de usted.

Otra ventaja de este sistema es que usted obtiene retroalimentación de antemano. Las personas le dicen qué partes de su razonamiento consideran estimulantes y cuáles les parecen vagas, confusas o falaces. Cuando usted esté listo para poner sus ideas en el papel o llegue el momento de presentarse ante el comité, habrá tenido la ocasión de mejorar su presentación de tal manera que todos los presentes la puedan seguir con claridad y la consideren bien concebida.

Si usted está adquiriendo información o considerando seriamente la posibilidad de cubrir un tema, en un plazo determinado, hará bien en describir a sus amigos lo que está aprendiendo en el momento y conforme va avanzando. De tal manera, si usted de repente sintiera la presión de articular lo que sabe al respecto —en cualquier punto durante el proceso o al final del mismo—, podrá llevar sus pensamientos a la punta de su lengua y hablar de ellos en forma fluida y lúcida.

Suponga que usted trabaja lavando coches y estudia por las noches para camarógrafo de noticieros de televisión. Usted se reúne una vez por semana, más o menos, con sus amigos para jugar al dominó. Asómbrelos con algunos comentarios de lo que ha aprendido —y ha pensado de lo que ha aprendido— de su profesión desde la última vez que se reunieron. A la mitad de sus estudios, usted tal vez consiga un trabajo de camarógrafo en una compañía pequeña de cable, y como usted se expresa con conocimiento de causa y aplomo, le ofrecen un empleo. Cuando menos, usted aprobará sus exámenes sin problema alguno al terminar el curso y hará un buen papel en las entrevistas para empleos futuros.

Quizás esté atorado y sólo tiene una semana para escribir un informe sobre un nuevo avance en geología petrolera, el cual debe preparar para una junta con un grupo de fabricantes. Láncele a sus compañeros, superiores, amigos y familiares ideas de lo que está averiguando. De ser necesario, hable consigo mismo mientras va y viene del trabajo. Cuando se siente ante la computadora para iniciar el informe, no tendrá problema alguno para expresar sus pensamientos con palabras.

DUPLICADOR DE LA CAPACIDAD CEREBRAL #60

Siempre pruebe sus ideas importantes con terceros. Esto le ayudará a aclararlas y revelará un razonamiento poco sólido cuando exista.

1. La próxima vez que tenga que reunir sus ideas respecto a un tema, para usarlas más adelante o para una presentación, empiece por hablar de ellas con un amigo, compañero o familiar.

2. Escuche por si le brindan retroalimentación. Si no se la proporcionan, solicítela. Pregunte qué piensan ellos de lo que usted ha dicho, qué encontraron confuso o no entendieron, qué consideraron interesante y por qué.

Duplicador de la capacidad cerebral #60 (cont.)

3. Actúe con base en la retroalimentación. Si hubiera una falla en su lógica, póngale remedio. Si tiene que reconsiderar cómo describir ciertos detalles para transmitirlos con más claridad, hágalo. Si otras personas estuvieran inquietas o aburridas, busque la manera de aligerar su presentación con una situación chusca o una anécdota espectacular.

4. Vuelva a probarlo con otra persona, en esta ocasión con sus correcciones incluidas. ¿Mejoró? Si es así, usted estará sobre la pista correcta.

Capítulo 15

Tres pasos para llegar al razonamiento potente

Hauser era el más listo de los estudiantes del último año, en una prestigiada universidad de Boston. Su cerebro estaba revolucionado incesantemente. Investigaba todo. Se cuestionaba todo. Tenía ideas respecto a todos los temas, pero, sobre todo, respecto a la psicología, su especialidad.

Hauser volvía locos a todos sus compañeros de dormitorio, soltándoles verdaderas andanadas de sus nuevos conocimientos sobre la mente humana. Les detallaba las mil y una ideas sobre la psicología que pensaba incluir en su tesis. Este flujo mental de ideas sobre el tema parecía inagotable.

Sin embargo, cuando se publicó la lista de estudiantes aprobados, al término del año, el nombre de Hauser no apareció en ella. Sus profesores habían considerado que sus exámenes finales merecían una calificación de insuficiente. Hauser había pensado mucho en la psicología, sin duda. No obstante, todas sus ideas habían sido vagas, mal razonadas, indebidamente investigadas, con fallas y sin lógica. El problema de Hauser respecto al razonamiento no estaba en echarlo a andar, ni en tener algo en qué pensar, sino que radicaba en la calidad de sus pensamientos.

Por otra parte, el señor Mathes tenía el "toque del rey Midas". Se había hecho cargo de la deteriorada estación de televisión de su padre, había hecho las jugadas correctas cuando empezó el despegue de la televisión por cable, había colocado a su estación en varias de ellas, la había convertido en una "superestación" y se había fundado en ese éxito para adquirir un pequeño estudio cinematográfico que estaba quebrado. Con el inventario de las viejas películas filmadas por el estudio, había iniciado su propia red de películas en televisión por cable, exhibiendo viejos clásicos; con el estudio, empezó a efectuar programaciones originales, tanto para su superestación como para su canal por cable. Con el producto de estas empresas, echó a andar, de un día para otro, una red dedicada exclusivamente al deporte, con los Juegos Olímpicos de Los Ángeles, que la llevó al número uno en las preferencias.

En cierta ocasión, un entrevistador le preguntó al señor Mathes cuál era su secreto. ¿Cómo había sabido hacer exactamente los movimientos correctos justo en el momento preciso? ¿Cómo había sabido que los millones invertidos en la compra del estudio se podrían recuperar por medio del canal por cable, o que la fiebre deportiva por los Juegos Olímpicos, en Estados Unidos, se traduciría en un público lo suficientemente numeroso como para justificar los millones por concepto de costos iniciales?

Mathes dijo que no era ningún talento especial. El tipo de razonamiento que le había hecho multimillonario era una capacidad común y corriente que todo el mundo tenía. Sólo había analizado cada situación, había aplicado un razonamiento sencillo, de sentido común, y había llegado a la respuesta correcta.

La diferencia entre Hauser y Mathes, entre el fracaso humillante y el triunfo espectacular, era algo tan poco complicado como un razonamiento sencillo, de sentido común. Visto así, no resulta tan difícil, ¿verdad?

La mayoría de las personas tal vez no se consideren "cerebros" privilegiados, pero sí sienten que cuentan con una cantidad módica de sentido común y con la capacidad para razonamientos sencillos. Es probable que usted piense esto mismo de su persona.

Aun cuando se trata de un hecho poco reconocido, la mayor parte de los éxitos legendarios del mundo —Henry Ford, Margaret Sanger, Donald Trump— no son más listos que los demás. Suponemos que las personas creativas deben tener cocientes de inteligencia elevadísimos. Sin embargo, después de numerosos estudios de personas verdaderamente triunfadoras en todos los quehaceres de la vida, el doctor Dean Simonton, psicólogo e investigador, no encontró relación alguna entre la inteligencia y los triunfos.

Lo que distinguía a las personas que triunfaban de las que fracasaban, una y otra vez, era —como en el caso del señor Mathes— su capacidad para pensar de manera sencilla, con sentido común. No suena difícil, ¿verdad?

¿Tiene truco? ¡No! ¿Tiene truco? ¡No!

Dado que usted ya cuenta con cierto sentido común y la capacidad para razonamientos sencillos, usted ya posee los elementos constitutivos del éxito. Sin pensarlo, usted se pasa todo el día aplicando estas capacidades, por decirlo de alguna manera.

No obstante, cuando nos encontramos en una situación que requiere un razonamiento "estructurado" —un examen que tenemos que presentar, un análisis crítico que debemos escribir, una presentación ante clientes importantes— nos entra el pánico y nos encontramos en desventaja. De repente, nos asusta que la calidad de nuestras ideas esté por debajo de lo normal. Nos sentimos angustiados, ineficientes, seguros de que tomaremos una mala decisión, seguros de que nos tardamos demasiado, seguros de que somos anormalmente lentos, seguros de que hay otros que razonan mejor y que podrían tomar una mejor decisión. No es raro que la mente se nos quede en blanco, vacía, que nuestros pensamientos se enreden y sean vagos.

El problema no radica en su capacidad para pensar. Usted está razonando todo el tiempo. El problema es que, como en el caso de las demás facultades relacionadas con la capacidad cerebral, a usted jamás le enseñaron a pensar. Ni durante la escuela ni después.

Repase mentalmente sus épocas escolares y universitarias. ¿Alguna vez oyó hablar de un curso llamado "Razonamiento 101" o "Cómo pensar para principiantes"? De hecho, si uno se detiene a pensarlo, es asombroso que con cientos de horas de información grabadas en la mente, desde el primer año hasta el día que salimos de la universidad, ni un solo minuto haya sido dedicado a enseñarnos a pensar.

Lo más que se aproxima es con una vaga introducción a los principios básicos de la lógica aristotélica, en algún punto del bachillerato: que algo existe en sí, que no puede ser al mismo tiempo ese algo y otro algo, y que debe ser ese algo u otro algo.

Tenemos que aprender a usar lo anterior como mejor podamos y aprender a pensar a tontas y a locas por cuenta propia. Lo asombroso es que lo hagamos tan bien, en general, o de lo contrario no podríamos conservar el empleo, tomar decisiones razonablemente sensatas ni entender la mayor parte de lo que ocurre a nuestro alrededor.

Lo que consideramos un razonamiento "estructurado" o "serio" —resolver problemas, analizar información, sacar conclusiones— no es sino el sentido común aplicado de manera ordenada y sistemática. Usted aprenderá a hacerlo casi de manera instantánea cuando se aficione a unos cuantos trucos mentales muy sencillos. Para cuando termine la primera de las tres secciones que se presentan a continuación, se habrá convertido en un mejor pensador.

El razonamiento claro y de sentido común que usted hace todos los días, muchas veces sin darse cuenta, se presenta en tres formas:

❏ El razonamiento lógico — sumar dos y dos para obtener cuatro.

❏ El razonamiento inductivo — llegar a una conclusión general después de advertir una serie de hechos relacionados.

❏ El razonamiento deductivo — llegar a una conclusión a partir de una premisa válida.

Usted sólo tiene que aprender cómo y cuándo aplicarlos y en qué orden.

El razonamiento lógico

Pareciera que el razonamiento lógico fuera algo difícil, pesado y sacado de Aristóteles y los griegos. Pareciera que el razonamiento lógico implica intensidad académica, meditación profunda, matemáticas y física cuántica, así como todas las demás cosas ultrapesadas que requieren muchísimo esfuerzo y un talento congénito. De hecho, es tan sencillo que hasta los niños lo hacen.

Al igual que en el caso del resto de los razonamientos "estructurados", se trata de un proceso mental que usted realiza mucha veces al día. El razonamiento lógico no es más complicado ni intimidante que el proceso de hacerse preguntas sobre cosas y de tratar de encontrar una respuesta razonable a ellas.

¿Cómo se define una respuesta "razonable"? Usted ya lo sabe de manera intuitiva. Es algo que usted decide, por cuenta propia, cada minuto de su vida, mientras está despierto. Si se detiene a pensar en ello, los elementos probablemente abarcan si la respuesta se ciñe a los hechos y si está dentro del terreno de lo que usted considera posible.

Eso es lo "razonable" o "lógico", dirá usted. No obstante, ¿cómo funciona la parte del "razonamiento"? Esto también es fácil; se trata de otra de esas capacidades que la naturaleza ha incluido soldadas a su cerebro.

La parte del "razonamiento" radica en "asociar" o "comparar" hechos, objetos, personas, características y todo lo demás que pueda abarcar la mente. Usted reúne mentalmente algunos hechos, o tal vez los tenga a la mano en su banco de datos del cerebro. Elige mentalmente algunos de estos hechos y se hace unas cuantas preguntas al respecto. Después contempla el mundo exterior o busca en sus adentros otros hechos que pudieran guardar relación con él. Se hace preguntas sobre esos hechos y los compara y contrasta con el primer hecho. Si encajan, los retiene; en caso contrario, los descarta.

Ahora bien, ¿qué tiene de difícil esto? Es algo que usted hace sin poder evitarlo. El cerebro ha sido diseñado para funcionar cada segundo de su existencia, como respuesta a todo lo que usted ve, piensa, siente, escucha o gusta. Este proceso es tan ubicuo y constante que usted seguramente ni se fija en él y jamás sabe cómo sucede. Usted compara el servicio de diferentes tiendas, compara los hábitos laborales de dos empleados; compara las perspectivas laborales; compara la película nueva de su estrella preferida con su película anterior; compara la forma de manejar de quienes están a su alrededor cuando se dirige a su casa.

Usted protestará y dirá, ¡pero eso no es todo lo que se requiere para el razonamiento lógico! Todavía queda una parte difícil: hacer juicios, llegar a conclusiones. Esa es la trama que separa a los profesionales de la mente de los aficionados; ellos son buenos para llegar a decisiones y tomar decisiones. Y, ¿usted cómo llegó a esta conclusión? ¿Cómo pudo emitir este juicio?

Entonces, ¿qué opina de su suegra, del trato que negoció para comprar su casa, de la persona que acaba de ingresar a su departamento, de que los demócratas o los republicanos tienen la idea correcta respecto a la política de seguridad social? ¿Cómo hizo esos juicios, cómo llegó a ellos?

Reconózcalo, usted ya es un maestro de cada una de las fases importantes del razonamiento lógico. Además lo hace tan bien, de manera tan natural y con tan poco esfuerzo la mayoría de las veces que jamás se detuvo a analizar lo que hacía o cómo lo realizaba.

He aquí un ejemplo típico: usted pasa por delante de una cafetería que tiene aspecto próspero, en una calle llena de árboles, que parece tranquila. Se pregunta de dónde puede venir su clientela. A la vuelta de la esquina descubre un conjunto de oficinas completamente nuevo. ¡Lotería! Usted ha reunido un hecho nuevo importante y lo ha asociado con la cafetería. Cuando los compara, los dos hechos parecen encajar a la perfección, y usted llega a la conclusión de que la prosperidad de la cafetería se debe al movimiento de las personas que trabajan en el conjunto de oficinas.

La única diferencia con una situación de aprendizaje estructurada —por ejemplo, una junta de división, el análisis del informe anual de una cadena de restaurantes en la que usted tiene muchos intereses, escribir una tesis de maestría o encontrar la forma de aplicar un programa de hoja de cálculo— es que usted nunca ha identificado conscientemente estos pasos. Tampoco ha reconocido que los domina intuitivamente a la perfección.

Por tanto, se siente apabullado y se considera cabeza dura; cae en estado de pánico y, como no tiene ni idea de por dónde empezar o de que es algo que puede hacer sin problemas, se siente derrotado y se da por vencido antes de empezar. También es posible que sude la gota gorda durante el proceso, convencido todo el tiempo de que sus esfuerzos mentales están por abajo de lo normal y que todo el mundo a su alrededor se da cuenta de que usted es tonto.

Sin embargo, usted puede cambiar esta situación y convertirse conscientemente en el pensador eficiente y lógico que ya es instintivamente, guardando la calma y aprovechando las capacidades naturales de su mente para:

❏ Hacerse preguntas.

❏ Reunir datos asociados.

❏ Compararlos para encontrar diferencias y puntos en común.

❏ Dejar que los hechos decidan por usted.

El siguiente ejercicio le enseñará a afinar su capacidad para pensar en forma lógica y cómo ponerla en acción.

DUPLICADOR DE LA CAPACIDAD CEREBRAL #61

Usted jamás volverá a tener miedo de los retos que se presenten para su capacidad para pensar en la escuela, la empresa o su vida personal. Sólo recuerde los cuatro pasos siguientes:

DUPLICADOR DE LA CAPACIDAD CEREBRAL #61 (cont.)

1. Hágase preguntas. (Ejemplo: el conductor de un seminario le encomienda que se vaya a su casa y de un día para otro estudie los datos sobre dos fondos mutualistas comparables y que, a la mañana siguiente, le informe en cuál de los dos invertiría usted el dinero de su cliente.)

2. Reúna datos relacionados. (Usted recorre las cifras de dos proyectos, las cifras de la empresa, sus resultados en el pasado.)

3. Compare para encontrar puntos en común y diferencias. (Usted compara la administración, la liquidez, los campos de especialización, las utilidades.)

4. Llegue a una conclusión. (Uno de los fondos ha estado pagando dividendos más altos, pero también se la ha jugado en acciones de tecnología avanzada, más volátiles, cuyas ganancias estaban sujetas a modas de los consumidores. La otra tiene mayor parte de sus activos en empresas institucionales, que ofrecen demandas constantes a largo plazo, como los alimentos procesados y los automóviles. Los hechos han tomado la decisión por usted. Usted recomienda el segundo fondo.)

El razonamiento inductivo

Usted razona de manera inductiva permanentemente. Cuando observa varios hechos, objetos o situaciones (advierte que las personas que miden más de 1,80 metros tienen que agacharse cuando pasan por la puerta de una tienda de ropa) y después llega a un supuesto general a partir de ellos (la señora alta que se dirige a la tienda tendrá que agacharse cuando entre), se trata de un razonamiento inductivo.

Valga otro ejemplo: una mujer de negocios hace una prueba de mercado con un insecticida completamente natural. Efectúa su prueba de mercado con tres campañas de mercadotecnia diferentes en tres zonas diferentes. Una basa su contenido en el hecho de que se trata de un producto completamente natural para matar plagas, que además no es nocivo para el ambiente. La segunda basa su atractivo en la potencia del aerosol, su velocidad y su efectividad. La tercera se concentra en una comparación de precios. La mujer considera que los consumidores respondieron mejor a los anuncios que destacaban la velocidad y proyecta su campaña nacional en consecuencia.

Primero, establece los hechos por vía de la experimentación y la observación. Después llega a su supuesto inductivo: que tratándose de insecticidas, lo que más le interesa a las personas es su efectividad.

El razonamiento inductivo tiene un inconveniente. Si las observaciones o los hechos son erróneos o incompletos, el supuesto también estará equivocado. ¿Qué tal si una parte desproporcionada de los consumidores de la muestra que reaccionaron ante la publicidad del insecticida de la mujer correspondiera al Sur de Estados Unidos, una zona notoria por la resistencia de la población de insectos? Tal vez, las personas del Norte habrían respondido mejor a una campaña publicitaria que subrayara el ahorro y un insecticida de precio más barato.

Los supuestos que se basan en razonamientos inductivos siempre se deben sujetar a pruebas a efecto de constatar si son correctos y deben estar abiertos para su revisión, siempre que se encuentren hechos contradictorios. La mujer podría hacer más pruebas de mercado de su insecticida, o podría irse lento, al principio, con la campaña que anuncia su potencia, mientras los resultados no la convencieran de que su supuesto es correcto.

Este tipo de razonamiento inductivo involucra observar los hechos o reunir datos y, después, llegar a una conclusión fundamentada en ellos y probarla. Éstos son los tres pasos implicados:

❑ Observación.

❑ Llegar a supuestos.

❑ Constatar los supuestos.

Observar hechos, cuestionar y constatar los supuestos forman una parte tan normal de la vida diaria que usted lo hace sin darse cuenta a lo largo de todo el día. Cuando supone que un helado estará delicioso y así es, será mediante un razonamiento inductivo. Y lo es igualmente cuando enciende la computadora y supone que se iluminará y así ocurre. Cuando, confiadamente gira la llave de su auto y espera que éste arranque y no lo hace, su supuesto resultó equivocado en este caso.

DUPLICADOR DE LA CAPACIDAD CEREBRAL #62

Ya no tiene por qué sentirse inquieto la próxima vez que enfrente una situación desafiante que requiera que usted razone en forma inductiva. Sea un informe para explicar por qué hay tantos accidentes de tránsito cerca de una escuela de la localidad, tratar de reunir las piezas de la estrategia de un adversario, la razón exacta de un cuello de botella entre ventas y envíos, usted podrá actuar con confianza si sigue estos tres pasos:

1. Observe los hechos. Esto puede implicar desde leer hasta las investigaciones de campo: lo que fuere necesario para reunir datos suficientes.

2. Repasarlo para ver si surgen relaciones o patrones generales. Pregúntese qué supuestos podría plantear fundamentándose en estos patrones.

3. Al revisar los supuestos, en la medida de lo posible o ante una duda, constate todas las conclusiones a las que ha llegado mediante el razonamiento inductivo. Verifique los hechos y ponga sus conclusiones en práctica, al principio poco a poco; de nueva cuenta, haga lo que fuere necesario para asegurarse de que sus supuestos no le llevarán por un camino equivocado.

El razonamiento deductivo

"¡Elemental, mi querido Watson!", le diría el Sherlock Holmes cinematográfico a su compañero. El éxito de Holmes en todos sus casos se debe, completamente, a sus expertas deducciones. Le basta con ver una serie de pistas y puede deducir la identidad del asesino.

En una de sus más famosas deducciones, explicaba a Watson, comprendía el caso de un perro que ladraba la noche de un gran robo. "Pero el perro no ladró durante la noche", protestó Watson. "¡Precisamente!", exclamó Holmes. Su deducción: el perro seguramente conocía al ladrón.

La facilidad de Sherlock Holmes para los razonamientos deductivos no es nada del otro mundo. El razonamiento deductivo es una capacidad innata para pensar con la cual nacemos todos. Holmes sólo hace un esfuerzo por usarla con más frecuencia que la mayoría de los demás.

Cuando decide que el banco en el que trabaja debería ser más exigente con los requisitos de créditos para las tiendas de alquiler de videos —porque éstas fracasan y quiebran mucho— usted está razonando en forma deductiva. Se basa en un principio general o en una serie de datos específicos para llegar a —o deducir— una conclusión específica.

El razonamiento deductivo es justo lo contrario del razonamiento inductivo. En lugar de reunir datos y de ahí llegar a una generalización, el razonamiento inductivo empieza en el otro extremo. Usted empieza con una generalización que considera que podría ser cierta; por ejemplo, que cierto tipo de compañía produce buen software, con base en el hecho de que ha adquirido una serie de sus programas. Después aplica esta generalización a un caso específico y decide que su programa más reciente también debe ser exitoso.

Es probable que usted no lo haga de manera consciente —el hecho de que, en gran parte, estamos inconscientes de nuestros procesos para pensar es una desventaja enorme para poder aprovecharlos— aunque esta simple deducción oculta tres principios esenciales. Estos principios representan los pasos básicos del proceso de razonamiento. Estos son:

- Una premisa o generalización mayor.

- Una premisa o generalización menor.

- Una conclusión o deducción.

Una deducción es casi como "uno y uno son dos". Al considerar la premisa mayor y la premisa menor juntas generalmente llegamos a la conclusión.

En su deducción de que el software nuevo sería un buen producto, los principios fueron: la premisa o generalización mayor, que la empresa siempre ha diseñado buenos programas antes; la premisa menor o conclusión, que la empresa tiene un producto nuevo; la deducción, que el software nuevo debe tener una calidad comparable.

El razonamiento deductivo tiene la misma desventaja que el razonamiento inductivo. Funciona bien si las premisas son exactas. Si no lo son, sus conclusiones serán defectuosas. Por ejemplo, la compañía de software podría estar pasando por problemas de liquidez y tal vez haya sacado el programa nuevo antes de que se le corrigieran todos los defectos. Tal vez sus antecedentes no sean tan buenos como usted supone; tal vez hayan producido también varios programas llenos de problemas, pero usted tuvo la suerte de no comprar ninguno de ellos. En cualquiera de los casos, su software nuevo tal vez no resulte la maravilla de programa que espera.

Al igual que en el caso del razonamiento inductivo, todas las conclusiones producto del razonamiento deductivo tienen que ser comprobadas, constatadas de nueva cuenta y sujetas a demostración, como fuere.

DUPLICADOR DE LA CAPACIDAD CEREBRAL #63

Use el siguiente ejercicio como modelo siempre que se encuentre en una situación que requiera que usted aplique información general a casos específicos.

1. Pregúntese cuál es su premisa o generalización fundamental. (La generalización de Holmes era que la mayoría de los perros le ladran a los extraños.)

2. Pregúntese cuál es su premisa menor. (En el caso de Holmes era que los perros no le ladran a sus dueños.)

3. Reúnalas mentalmente; compárelas, contrástelas, fíjese si le sugieren algo especial. (Holmes sumó todo y dedujo que el ladrón seguramente era uno de los amos del perro.)

4. Revise y constate sus premisas mayores y asegúrese de que su lógica es válida. Evite las falacias lógicas, por ejemplo, las muestras inadecuadas, la lógica *post hoc, ergo propter hoc,* o las falsas analogías. (Holmes determinó que el perro sí le ladraba a los extraños y después reunió más pruebas antes de señalarle el ladrón a la policía local.)

Capítulo 16

Aplique sus razonamientos

Hammerfeld era el asesor administrativo de la asesoría administrativa, en cierto sentido. Había obtenido títulos en Harvard, Berkeley y una universidad famosa de Europa. Era lector insaciable y pasaba muchas horas navegando en Web para estar al tanto respecto a todas las tendencias e innovaciones del año entrante en cuanto a teorías y técnicas de la administración y la productividad.

Sus amigos constituían todos la crema y nata de otros importantes despachos de asesoría. Todos ellos se peleaban por invitar a Hammerfeld a cenar y desafiaban su inteligencia para que les soltara los consejos y la información más jugosos. Los líderes de seminarios de motivación famosos en todo el mundo basaban su trabajo —acreditándoselo y no— en poco más que algunas migajas que habían caído de los labios de Hammerfeld.

Entonces, ¿por qué usted no ha oído hablar de Hammerfeld jamás? ¿Por qué no tiene un nombre grabado en la memoria como el de Tony Buzan y otros genios famosos de la administración? ¿Por qué sus libros no aparecen en las listas de los bestsellers? ¿Por qué no se ha presentado en su ciudad, en un recorrido veloz, para pronunciar una conferencia o un seminario?

Hammerfeld tenía gran capacidad cerebral cuando se trataba de conocimientos, pero también tenía un talón de Aquiles mental. Carecía de la más remota idea de cómo poner en práctica lo que predicaba. Aun cuando podía presentar la información que permitía que otros asesores en administración prosperaran, su propia empresa de asesoría obtenía apenas resultados moderadamente buenos.

La mayoría de las personas tienen un amigo que, como Hammerfeld, es muy leído; un verdadero "cerebro" que sabe un poco de todo. No obstante, a pesar de toda su información y conocimientos estos amigos no logran prosperar en la vida. Si no son un fracaso claro, jamás se convierten en el éxito tremendo que cabría suponer que tantos conocimientos y estudios les debería proporcionar.

Esa no es su culpa. Hay una enorme diferencia entre adquirir conocimientos y aplicarlos. Se parece mucho a guardar información en el disco duro. Para correrla, clasificarla y usarla en forma que resulte útil, es necesario contar con un programa especial, con un tipo especial de conocimiento.

Usted se lanza al mercado en busca de un condominio e investiga el valor de los bienes raíces, el futuro económico de las comunidades cercanas y las escuelas, pues los niños entran en sus planes futuros. Después llega el momento de sentarse y sacar sentido de todos estos datos y cifras. Su mente queda en blanco y usted no sabe por dónde empezar.

Tal vez, la subgerente a cargo de comercializar los programas de agenda para computadoras personales le llama a su oficina. Sabe que usted, en su calidad de representante de servicios al cliente, a cargo de las encuestas y las quejas de la costa del este, sabe mucho de los intereses y los hábitos de compra de los clientes. Ella le revela un plan para lanzar una serie nueva de agendas electrónicas, enfocada a personas de zonas concretas del país. La compañía piensa hacer pruebas de mercado en la costa del este, con agendas para Nueva Inglaterra, Nueva York y Florida al principio. Su información es deseada, pero el asunto entero está tan alejado de su campo de experiencia y práctica normales, que usted no sabe cómo contestar ni por dónde empezar.

Con frecuencia, tenemos la información que necesitamos, pero cuando llega el momento de poner la mente a trabajar, no sabemos por dónde empezar. La mayoría de los enfoques para aprender, memorizar, leer y escuchar nos llenan de formas para absorber ideas y datos nuevos. No obstante, generalmente, no nos indican cómo aplicar aquello que hemos aprendido. Presuponen que las personas sabrán "por naturaleza" cómo dar el paso siguiente y aplicar sus conocimientos a su empleo, estudio o existencia.

No obstante, el paso entre la teoría y la práctica, entre el conocimiento y la aplicación, puede ser muy grande. Este capítulo presentará dos estrategias comprobadas para superar esa laguna. La información, las ideas y los conocimientos jamás volverán a juntar polvo en el almacén de su mente.

Si le gusta hacer las cosas en forma lógica y organizada, la primera de las dos técnicas seguramente le funcionará mejor. Si un enfoque de forma más libre le resulta más conveniente para su estilo personal, tal vez obtenga mejores resultados con la segunda técnica. Sea como fuere, las dos se fundamentan en las investigaciones de avanzada respecto a nuestros procesos para pensar; las dos multiplicarán con creces su capacidad para pensar.

Las seis formas de razonamiento

Johanna sólo tenía una meta en la vida. Quería dejar su huella en el mundo haciendo que su empresa de publicaciones de escritorio en computadora se convirtiera en un éxito, y después reproducirlo por todo el país mediante franquicias.

Johanna, para adquirir esa ventaja vital de la experiencia y el conocimiento, asistía a cuanto taller, seminario y serie de conferencias sobre empresas pequeñas, mercadotecnia, administración de inventarios y éxito en general encontraba. Tal vez manejaba medio día para dirigirse a escuchar a alguien que tenía el toque maestro empresarial y que hablaría ante un grupo de empresarios o estudiantes. Incluso volaba de costa a costa varias veces al año para escuchar a estrellas reales, como Tony Roberts, compartir perlas de sabiduría en costosas conferencias y seminarios.

A pesar de que había reunido un verdadero montón de conocimientos empresariales de boca de personajes informados, el servicio de publicaciones de escritorio en computadora de Johanna seguía siendo poco más que una empresa local con cierto éxito. Nunca había colas de más de 12 personas junto al escritorio de pedidos y el dinero no ingresaba a sus arcas a chorros, como si fuera vino. De hecho, el negocio no tenía un aspecto muy diferente ni operaba de manera muy distinta a cualquier otro servicio de copiado con lo más moderno en impresoras láser y accesorios computarizados.

Sus amigos estaban intrigados. ¿Era tonta? ¿Era que los magos de las empresas del país habían perdido la capacidad de presentar sus productos ante las personas que asistían a sus seminarios? Un grupo de amigos la invitó a comer. Después de interrogarla detenidamente, esto es lo que averiguaron: aun cuando tenía la cabeza llena de cientos de consejos, trucos, procedimientos, estrategias y métodos, el caso de Johanna se parecía al de Hammerfeld; no sabía por dónde empezar.

Algunas de las ideas que había absorbido se aplicaban a su situación; otras no. Algunas servían para su negocio particular, su clientela y sus ubicaciones; otras podrían ser causa de un verdadero desastre. ¿Cuáles eran cuáles? Johanna no lo sabía. Elegir la mala podría ser fatal. Además, aun cuando supiera cuál era la correcta, Johanna dijo que no tenía la más remota idea de dónde o cómo empezar a aplicar las maravillosas cosas que había oído.

Después de la comida, una de las amigas de Johanna, que había asistido a uno de mis talleres en la costa del oeste, sugirió que intentara mis Seis Formas de Pensar. Las Seis Formas de Pensar se derivan del trabajo de Edward de Bono, pionero en enseñar a pensar. Representan seis formas, totalmente diferentes, de contemplar un problema o una situación; sumadas se convierten en un potente instrumento para echar a andar sus procesos de razonamiento.

Las Seis Formas de Pensar multiplican por seis la capacidad de su cerebro, pues lo hacen pensar en una situación, desde uno de los siguientes puntos de vista:

- ❐ Pensar en forma objetiva.
- ❐ Pensar en forma crítica.
- ❐ Pensar en forma positiva.
- ❐ Pensar en forma creativa.
- ❐ Pensar en forma intuitiva.
- ❐ Pensar sobre los usos comunes.

Pensar en forma objetiva

El razonamiento objetivo escudriña lógicamente todos los hechos, cifras y demás información objetiva existente respecto a una determinada situación.

Pensar en forma crítica

El razonamiento crítico analiza las situaciones con detenimiento, en busca de todo problema, aspecto negativo, inconveniente y consecuencia negativa posibles y que podrían estar asociados con determinada situación.

Pensar en forma positiva

El razonamiento positivo analiza las situaciones desde un punto de vista positivo y busca sólo las posibilidades, las soluciones, las oportunidades, los puntos extraordinarios y los beneficios.

Pensar en forma creativa

El razonamiento creativo proyecta soluciones, combinaciones e ideas creativas que podrían mejorar una determinada situación.

Pensar en forma intuitiva

El razonamiento intuitivo trata de sintonizarse con las reacciones más profundas de una situación, "los sentimientos del interior", las palabras del alma, los detalles emocionales, las corazonadas y cualquier otra señal del inconsciente. Son fuente de lineamientos e información muy importante.

Pensar sobre los usos comunes

Pensar sobre los usos comunes arroja luz sobre sus propios razonamientos y sentimientos respecto a una situación y cómo podrían avivar, distorsionar o afectar su razonamiento sobre una determinada situación.

DUPLICADOR DE LA CAPACIDAD CEREBRAL #64

Cuando enfrente una situación, problema o decisión importantes, sujétese a una sesión completa de lluvia de ideas, razonándolo todo desde seis ángulos mentales diferentes. (Tenga usted computadora o use una libreta, asegúrese de tener el equivalente a siete hojas de papel separadas, una para definir la situación que tiene que analizar y seis para analizarla desde cada uno de los ángulos individuales.

1. En una oración, describa el enigma, la duda o la circunstancia en la cual quiere concentrar su capacidad para pensar. En otro par de oraciones, describa lo que le gustaría obtener de este ejercicio. (Johanna definió su problema así: "Cómo cambiar mi servicio de publicaciones de escritorio para que sea algo tan singular que genere un tránsito fenomenal

DUPLICADOR DE LA CAPACIDAD CEREBRAL #64 (cont.)

de clientes y tenga un éxito tan fenomenal que podré abrir una sucursal del otro lado de la ciudad y, con el tiempo, vender franquicias por todas partes." Lo que quería del ejercicio era "determinar qué pasos dar para iniciar dicho proceso".)

2. Empiece por la sexta forma "pensar en los usos comunes", decidiendo ¿cuál de las otras cinco formas le llevará a empezar mejor; objetiva, intuitiva, crítica, positiva o creativa? (Johanna consideró sus opciones. Tenía cantidad de datos e información sobre cómo hacer que un negocio fuera un éxito. Esto le indicó que tendría que encontrar una ventaja y ofrecer servicios únicos o ventajas que sus rivales no ofrecían. Johanna decidió que tenía que empezar a pensar en forma creativa, de tal manera que pudiera encontrar e inventar algo único.)

3. Sea cual fuere el ángulo que usted eligiera para empezar, recorra los seis. Anote las ideas que genera cada uno de ellos en una hoja separada de papel. Trate de anotar, cuando menos, cinco puntos en cada una de las formas de pensar. Tómese todo el tiempo que requiera. No se apresure. Extienda sus esfuerzos a lo largo de varios días si fuera necesario. Invierta en el asunto en cuestión tanto tiempo como considere que merece.

4. Piense en forma creativa. Anote todas las ideas que se le ocurran. Alóquese. No frene la imaginación. Algunas ideas que eran tan poco viables que parecían tontas muchas veces han llevado a una corriente de pensamientos que ha desembocado en una inspiración brillante. (Al principio Johanna soñó muchas decenas de ideas que no iban a ninguna parte: enormes descuentos, payasos en la puerta para atraer a clientes con niños, una rifa publicitaria. Empero, un cambio breve a la forma crítica demostró las fallas de cada uno de ellos. No podía darse el lujo de dar descuentos importantes, todo centro de copiado estaba incluyendo capacidad para publicaciones de escritorio, los payasos no darían el tono correcto para una empresa enfocada a una clientela compuesta por pequeñas empresas y organizaciones y que no contaba con el capital necesario para pagar una enorme compaña publicitaria. Los módems y el correo electrónico estaban empezando a entrar. Johanna empezó a soñar despierta en que sería maravilloso si las personas enviaran sus membretes de correspondencia, sus folletos y demás material para que fuera diseñado o impreso electrónicamente

DUPLICADOR DE LA CAPACIDAD CEREBRAL #64 (cont.)

por ella. Johanna se dio cuenta que si fuera la primera en ofrecer este servicio en el área, atraería muchos negocios y una buena cantidad de atención a su interés. Era una idea que quería explorar. Decidió explorarla con un razonamiento crítico para encontrar inconvenientes.)

5. Razone de forma crítica: Anote todos los riesgos, inconvenientes, problemas y lo que sugieran las hipótesis de lo peor que puede pasar. (El único punto negativo que pudo encontrar Johanna fue que tal vez no había el programa de software que le permitiría captar el tamaño, los tipos, etcétera, y que, de haberlo, tal vez no pudiera darse el lujo de comprarlo.)

6. Piense en forma objetiva: haga una lista de los hechos que necesitan respuestas o aclaración de ideas, después encuéntrelos. (Johanna hizo una lista: "Averiguar si hay el software y su costo." Encontró que el software que quería sí existía y que su costo quedaba dentro de sus posibilidades. Lo único que tendría que hacer era proporcionar una copia del programa a cada posible cliente, y éste le podría enviar y recibir los diseños por módem.)

7. Piense en forma positiva: anote los que, en su opinión, serían los beneficios, ventajas hipótesis del mejor caso. (Como sabía que su inversión inicial sería modesta, Johanna decidió que correría poco riesgo si la idea fracasaba. Por otra parte, veía en el futuro muchas empresas —especialmente las que tenían urgencia de recibir impresiones y en las que una hora de demora podía marcar la diferencia— que podrían aprovechar el nuevo servicio enviando su material, al instante, a su negocio de publicaciones de escritorio. Asimismo, vio un futuro en el cual administradores y jefes correrían la voz de su negocio y, con ello, aumentaba su fama y sus ingresos. Trabajó con cifras y, considerando la inversión, los premios que podría obtener justificaban con creces los costos del arranque.)

8. Razone en forma intuitiva: Anote lo que siente; bueno, malo, o lo que fuere. (Johanna sólo tenía que aplicar otra forma. En su fuero interno se sentía positiva respecto al paso que daría. Así que lo dio.)

9. Razone sobre las formas: allá en su primer hoja, donde definió el problema, anote lo que haya averiguado con las seis formas de pensar. ¿Qué información considera más valiosa? ¿Cuál considera que debería ser su próxima jugada?

Las nueve máximas del razonamiento creativo

En ocasiones, las ideas profundas les llegan a quienes tienen escritorios muy ordenados, a quienes cuentan con archivos bien organizados y que abordan los asuntos de manera lógica y metódica. Sin embargo, con igual frecuencia, la inspiración le llega a alguien con el cabello enmarañado, que no puede encontrar el archivo que anda buscando y que sigue procesos de razonamiento un tanto desordenados.

Si usted es el tipo de pensador que se inclina por la intuición, por seguir la corriente, que funciona mejor en situaciones menos estructuradas, pruebe esta estrategia para poner en práctica lo que sabe. Ofrece un enfoque de forma más libre, derivado de la obra de varios investigadores en aprendizaje y creatividad, especialmente de la de Roger Schank, profesor de psicología de la Universidad de Yale. Las nueve máximas siguientes difieren poco de las máximas famosas del profesor Schank y representan la crema y nata de las mejores estrategias para maximizar su capacidad para pensar.

No tienen nada de esotérico, difícil o "extraño". La mayor parte de estas máximas son "evidentes"; de hecho, son todas las cosas que usted ha hecho, mentalmente, en un momento u otro. La diferencia radica en que, ahora, usted las usará en forma consciente y al unísono, siempre que requiera un razonamiento creativo.

Las Nueve Máximas del Razonamiento Creativo son:

1. Consiga todos los datos antes de decidirse por una respuesta.

2. Clasifique e invente nuevas clasificaciones.

3. Generalice y generalice.

4. Explique y explique.

5. Averigüe lo que no entienda.

6. Aplique lo que ha aprendido antes.

7. Rechace la sabiduría popular.

8. Permita que su mente divague.

9. Permítase equivocarse.

Consiga todos los datos antes de decidirse por una respuesta

Antes de generar una solución válida, un enfoque nuevo o una teoría, abandone todos los prejuicios y reúna la mayor cantidad posible de datos. Sin éstos, usted no tendrá el combustible mental para alimentar su proceso de razonamiento, y los prejuicios pueden impedir que observemos datos o relaciones importantes.

Clasifique e invente nuevas clasificaciones

El hecho de crear nuestras propias categorías y clasificaciones nos ayuda a encontrar relaciones y ello nos lleva a hacer generalizaciones.

Generalice y generalice

Las generalizaciones nos ayudan a generar información, ideas y soluciones nuevas. Su importancia no radica en si son acertadas o no, sino en que nos ponen a pensar.

Explique y explique

Sólo conocemos algo cuando lo entendemos, y sólo lo entendemos cuando nos lo podemos explicar en nuestros propios términos. Tratar de explicar una situación o un problema "despierta" el proceso de razonamiento y hace que la mente en funcionamiento se acelere.

Averigüe lo que no entienda

Según el profesor Schank, uno sólo puede llegar a entender después de no entender. La clave del razonamiento es aquello que no entendemos, las anomalías. Busque cosas que no le resulten lógicas, pero llegue más allá. Finja que no entiende nada y cuestiónelo todo.

Aplique lo que ha aprendido antes

Las cosas que usted ya sabe —de campos nada relacionados— contribuirán a despertar inspiraciones y conocimientos.

Rechace la sabiduría popular

Se suele tener la solución ante los ojos, pero la rechazamos porque es contraria a la "sabiduría popular" sobre el campo. Cuestione las explicaciones actuales —podrían estarle limitando— porque la sabiduría popular suele estar equivocada.

Permita que su mente divague

Las divagaciones, soñar despierto y los momentos en que nuestros pensamientos se salen por la tangente suelen dar por resultado perspectivas nuevas, incluso soluciones enteras. Brincar de un pensamiento a otro sigue siendo un razonamiento, y con frecuencia el inconsciente está detrás de él; está sumando mentalmente dos y dos por nosotros y señalando la dirección de la respuesta que estamos buscando.

Permítase equivocarse

El camino al éxito está lleno de fracasos. Prepárese para los fracasos, acéptelos, déles la bienvenida. Considere cada idea que no funciona como un paso que le acerca más y más a la respuesta que está buscando. Esto le brinda libertad para correr un riesgo, pues no estará aguantándose por miedo al fracaso.

DUPLICADOR DE LA CAPACIDAD CEREBRAL #65

La próxima vez que tenga que aplicar sus conocimientos a una situación desafiante, permita que el siguiente ejercicio estimule su razonamiento creativo. Las Nueve Máximas le ayudarán a aumentar su capacidad para pensar al instante, a su máxima potencia cuando las necesite, para escribir informes, presentar sugerencias o buscar un método para aplicar la directriz para una política nueva.

1. Consiga todos los datos antes de decidir sobre una respuesta. Proveáse de un archivo de expedientes, reúna los datos relevantes y guárdelos ahí.

2. Clasifique e invente nuevas clasificaciones. Adapte el mapa de memoria (Capítulo 7) y úselo para encontrar conexiones, relaciones y clasificaciones.

DUPLICADOR DE LA CAPACIDAD CEREBRAL #65 (cont.)

3. Generalice y generalice. Anote todo aquello que le parezca clave: las causas, los resultados y las categorías fundamentales.

4. Explique y explique. Anote sus explicaciones (en sus propias palabras) de todos los principios y las relaciones importantes.

5. Averigüe lo que no entienda. Haga una lista de todos los términos, las situaciones, los resultados y todo aquello que no entienda. Consiga los datos que necesita para entenderlos.

6. Aplique lo aprendido. Si carece totalmente de conocimientos específicos respecto al tema —caso muy raro—, habrá aprendido muchos principios rectores de la vida, los negocios y la naturaleza humana que son aplicables a cualquier situación.

7. Rechace la sabiduría popular. Sólo porque no se ha venido haciendo o pensando de esa manera no significa que lo diferente no funcionará. Las personas decían que los seres humanos jamás volarían o llegarían a la Luna. Tampoco pensaban que los estadounidenses aceptarían comer pescado crudo envuelto en algas, pero los restaurantes de *sushi* invaden el espacio de todas las ciudades importantes.

8. Permita que su mente divague. Sueñe despierto un poco, respecto al tema. Invente fantasías de lo que desee que ocurra y lo que podría ocurrir y de diferentes formas de lograrlo.

9. Permítase fracasar. Éste podría ser el paso más importante. Thomas Edison se hizo famoso en el mundo por cientos de inventos, más o menos, entre ellos la bombilla incandescente y el tocadiscos. Empero, patentó miles de inventos, de los cuales muchos resultaron ser completamente inútiles. Considere que cada fracaso es un paso que le acerca más al éxito.

Bibliografía recomendada

Asimov, Isaac, *The Brain*, Houghton Mifflin, 1963.

Asimov, Isaac, *In Memory Yet Green*, Doubleday, 1979.

Benson, Herbert, M.D., *The Relaxation Response*, Morrow, 1975.

Calder, Nigel, *The Mind of Man*, Viking, 1970.

Finley, K. Thomas, *Mental Dynamics*, Prentice Hall, 1991.

Gardner, Howard, *Frames of the Mind*, Basic, 1983.

Gross, Ronald, *Peak Learning*, Tarcher, 1991.

Hampden-Turner, Charles, *Maps of the Mind*, Macmillan.

Herman, Willis, Ph.D., y Howard Rheingold, *Higher Creativity*, Tarcher, 1984.

Hooper, Judith y Dick Teresi, *The 3-Pound Universe*, Tarcher, 1991.

Klinger, Eric, Ph.D., *Daydreaming*, Tarcher, 1990.

Lewis, David y James Greene, *Thinking Better*, Holt, 1982.

McCarthy, Michael, *Mastering the Information Age*, Tarcher, 1991.

Ornstein, Robert, Ph.D., *The Psychology of Consciousness*, Penguin, 1975.

Penfield, Wilder, Ph.D., *The Mystery of the Mind: A Critical Study of Consciousness and the Human Brain*, Princeton University Press, 1975.

Rossi, Ernest, Ph.D., *The 20-Minute Break: The New Science of Ultradian Rhythms*, Tarcher, 1989.

Singer, Jerome, Ph.D., *The Inner World of Daydreaming*, Harper, 1975.

Smith, Adam, *Powers of the Mind*, Summit, 1982.

Smith, Robert, *Learning How to Learn*, Harper, 1981.

Stine, Jean y Camden Benares, *It's All in Your Head; Amazing Facts About the Human Mind*, Prentice Hall, 1992.

Talbot, Michael, *The Holographic Universe*, Harper, 1991.

Witt, Scott, *How to Be Twice as Smart*, Prentice Hall, 1983.

The World Almanac and Book of Facts 1993, Pharos, 1993.

Índice